W0377081

# VYGOTSKY AUJOURD'HUI

# TEXTES DE BASE en psychologie

Conseillers scientifiques de la collection :

Jean-Paul BRONCKART - Pierre MOUNOUD

*Faculté de Psychologie et des Sciences de l'Education de l'Université de Genève.*

ISBN 2-603-00576-7

Cet ouvrage ne peut être reproduit, même partiellement et sous quelque forme que ce soit (photocopie, décalque, microfilm, duplicateur ou tout autre procédé), sans une autorisation écrite de l'éditeur.

© Delachaux & Niestlé S.A., Neuchâtel (Switzerland) - Paris 1985. Tous droits d'adaptation, de reproduction et de traduction réservés pour tous pays.

# VYGOTSKY AUJOURD'HUI

J.P. BRONCKART, V. JOHN-STEINER
C. P. PANOFSKY, J. PIAGET, B. SCHNEUWLY,
L.S. VYGOTSKY, J.V. WERTSCH

**DELACHAUX & NIESTLÉ**
NEUCHÂTEL - PARIS

Si vous désirez être tenu au courant des publications de l'éditeur de cet ouvrage, il vous suffit d'envoyer votre adresse, en mentionnant le pays, aux éditions :

DELACHAUX & NIESTLÉ
Service promotion
79, route d'Oron
CH - 1000 Lausanne 21

Vous recevrez régulièrement, sans engagement de votre part, nos catalogues et une information sur toutes les nouveautés que vous trouverez chez votre libraire.

## SOMMAIRE

Vygotsky, une œuvre en devenir : J.P. Bronckart 7

PARTIE I. Textes de Vygotsky .................. 23
1. Les bases épistémologiques de la psychologie 25
2. La méthode instrumentale en psychologie .. 39
3. Les racines génétiques du langage et de la pensée .............................................. 49
4. La pensée et le mot ............................... 67
5. Le problème de l'enseignement et du développement mental à l'âge scolaire ....... 95

PARTIE II. Vygotsky aujourd'hui ............... 119
6. Commentaires sur les remarques critiques de Vygotsky : J. Piaget ......................... 120
7. La médiation sémiotique de la vie mentale ; L.S. Vygotsky et M.M. Bakhtine : J.V. Wertsch ......................................... 139
8. La construction sociale du langage écrit chez l'enfant : B. Schneuwly .................. 169
9. Processus sociogénétiques de la communication verbale : V. John-Steiner & C.P. Panofsky ........................................ 203

Bibliographies (préparées par B. Schneuwly) .. 221
1. Vygotsky ............................................. 221
2. Écrits sur Vygotsky ............................... 225
3. Liste des auteurs cités ........................... 231

Nous vous informons que les notes se situent en fin de chapitre.

# VYGOTSKY, UNE ŒUVRE EN DEVENIR

Jean-Paul Bronckart, Université de Genève

## I

Lev Sémionovitch Vygotsky est né à Orsha, le 17 novembre 1896, dans une famille aisée de la petite bourgeoisie de Biélorussie. Après une formation secondaire intense (il bénéficia notamment des leçons de l'un des meilleurs professeurs privés de la province), il entreprit, dès 1913, un double cycle universitaire : des études de droit à l'Université impériale de Moscou, et des études de philosophie et d'histoire à l'Université populaire de Shanyavsky. Entrant dans la vie professionnelle au moment où le pouvoir révolutionnaire se mettait en place, Vygotsky, qui adhérait profondément au marxisme, s'associa très activement aux projets d'élaboration d'une « nouvelle société » et d'une « nouvelle culture » qui foisonnaient alors. Il revint en Biélorussie (dans la ville de Gomel), où il se consacra à de multiples tâches d'enseignement et d'animation culturelle, de 1917 à 1924. Son intérêt majeur avait trait à l'esthétique, et plus précisément à la signification — historique et psychologique — de l'œuvre d'art : féru de littérature, de théâtre et de cinéma (il était ami de S.M. Eisenstein) il tentait alors d'interpréter les œuvres d'art à la lumière de la théorie des émotions de Spinoza. Mais il s'intéressa très rapidement aussi aux questions de pédagogie (publiant, en 1922, un rapport sur les méthodes d'enseignement de la littérature dans les écoles secondaires), aux questions de langue, ainsi qu'aux méthodes et aux théories de la psychologie scientifique de son époque.

Actif à Gomel, mais inconnu jusqu'alors dans les cercles officiels de la psychologie soviétique, Vygotsky se révéla à ses compatriotes par une remarquable intervention au deuxième congrès de psychoneurologie soviétique, à Léningrad en janvier 1924 ; son exposé sur « les méthodes de recherche en réflexologie et en psychologie » produisit une telle impression qu'il fut immédiatement convié à prendre un poste d'enseignement à l'Institut de Psychologie de Moscou. Il devait collaborer à cette institution jusqu'à sa mort (de tuberculose) le 11 juin 1934.

Au cours de ces dix années de présence à Moscou, en dépit d'un état de santé fragile et de nombreuses périodes d'hospitalisation, Vygotsky allait développer une activité exceptionnelle, multipliant les enseignements, développant les thématiques de recherche, animant le mouvement éducatif de « pédologie », et produisant quelques 200 textes scientifiques (environ 180 textes ont été retrouvés, les autres ayant disparu durant la seconde guerre mondiale). Il apparaît aujourd'hui que c'est bien la pensée de Vygotsky qui servit de point de référence aux deux autres membres de la « troïka » initiale, Luria et Leontiev, et qui donna à la psychologie soviétique dans son ensemble la profondeur et la qualité qui lui permirent notamment de survivre à l'obscurantisme et à l'idéologisme de la période stalinienne. Cette décennie (que Rivière, dans une étude remarquable — 1984 — qualifie très justement de « décade prodigieuse ») est jalonnée d'écrits importants, dont certains n'ont été « redécouverts » qu'il y a deux ou trois ans, et au rang desquels nous relèverons notamment :

— La psychologie de l'art, 1925.

— La signification historique de la crise de la psychologie, 1926.

— La pédologie de l'âge scolaire, 1928.

— Études sur l'histoire du comportement (avec Luria), 1930.

— L'histoire du développement des fonctions psychiques supérieures, 1931.

— Leçons de psychologie, 1932.
— Les fondements de la pédologie, 1934.
— Pensée et langage, 1934.
— Le développement de l'enfant dans le processus de l'enseignement, 1934.
— L'enfant retardé mental, 1935.

Alors que de nombreux écrits de Vygotsky sont aujourd'hui traduits en anglais, en espagnol ou en italien, aucun texte de l'auteur n'est disponible en français ! Cette situation résulte de facteurs divers et complexes, mais elle s'explique sans doute par le fait que, dans les pays francophones plus qu'ailleurs, Vygotsky est surtout considéré comme un psychologue de l'enfant, et assimilé sans trop de nuances au courant de pensée occidental dans lequel s'illustrèrent Stern, Guillaume, Wallon, et, bien entendu, Piaget.

La parenté de Vygotsky avec ce dernier auteur paraît en effet évidente, et il convient de s'y arrêter quelque peu.

Ces deux géants de la psychologie sont nés à trois mois d'intervalle (Piaget a vu le jour en août 1896, à La Côte-aux-Fées, dans le canton de Neuchâtel) ; au cours d'une adolescence précoce et très studieuse, ils publièrent diverses œuvres de jeunesse, d'inspiration philosophico-littéraire (œuvres indubitablement plus nombreuses et plus brillantes dans le chef de Piaget), et débutèrent leur carrière scientifique proprement dite au cours des années vingt. A la décade prodigieuse de Vygotsky correspond chez Piaget une décennie de production scientifique certes moins impressionnante en quantité, mais néanmoins ponctuée par la publication des cinq livres admirables que sont *Le langage et la pensée* (1923), *Le jugement et le raisonnement* (1924), *La représentation du monde* (1926), *La causalité physique* (1927) et *Le jugement moral chez l'enfant* (1932). Partageant un même intérêt pour la genèse des processus psychologiques, les deux auteurs adoptèrent une démarche centrée à la fois sur l'histoire (perspective phylogénétique) et sur les mécanismes d'acquisition au cours de l'enfance (perspective ontogénétique). En outre, ils avaient l'un et l'autre (comme d'ailleurs les théoriciens de la Gestalt dont ils se sentaient proches) clairement perçu la nécessité de prendre leurs distances vis-à-vis des courants épistémologiques radicaux : les diverses formes de mentalisme (et notamment la psychanalyse) sous-tendues par le rationalisme d'une part, et les options empiristes ou organicistes reposant sur une conception matérialiste mécanique d'autre part. Dès la fin de son adolescence, Piaget s'était donné comme objectif d'élaborer le corps de connaissance qui donnerait assise à la « troisième voie » du constructivisme génétique. On pourrait analyser également la démarche de Vygotsky comme l'instauration d'une « troisième voie » épistémologique ; c'est ce que propose Rivière (op. cit.), mais c'est précisément là le seul point sur lequel nous nous trouvons en désaccord avec lui. La psychologie de Vygotsky ne repose sur aucun « tertium philosophique » ; ce n'est pas une troisième voie, c'est une *autre voie*, radicalement différente ; et c'est, pour nous, la (seule) voie à suivre pour la psychologie scientifique.

## II.

Ce qui frappe au premier abord, dans l'œuvre de Vygotsky, c'est la diversité et la richesse des thèmes abordés. Dans son souci de ne rien exclure, par principe, par méthode ou par commodité, des aspects manifestement significatifs des conduites humaines, il a réussi, en dix ans de vie professionnelle, à étudier en profondeur un ensemble de questions qui relèvent — aujourd'hui hélas plus encore qu'hier — de spécialisations disciplinaires différentes, voire disjointes, à savoir :

— l'histoire de la psychologie, de ses théories et de ses méthodes, et l'analyse de son évolution actuelle ;

— le problème du développement des fonctions

psychiques supérieures, de la conscience et de la pensée ;

— le problème des processus d'apprentissage, en situation scolaire et extra-scolaire ;

— le statut des conduites humaines, en tant que formes d'activité élaborées par les groupes sociaux au cours de leur histoire ;

— le problème du langage, de sa genèse et de son statut d'instrument régulateur des autres formes de conduite ;

— le problème des déficiences instrumentale (surdi-mutité par exemple) et intellectuelle ;

— le problème du rôle des différences culturelles dans le développement des fonctions psychiques supérieures ;

— etc.

Chez Vygotsky, prolixité ne signifie cependant ni éparpillement ni superficialité. Sous la diversité des thèmes, se développe une pensée profondément unitaire ; mieux même, c'est par souci d'unité et d'intégration que Vygotsky aborde tant de champs apparemment différents. Récusant la division de la psychologie en sous-disciplines disjointes, il a tenté de rassembler tous les aspects des conduites humaines dans une démarche explicative d'ensemble.

Cette tentative s'est déroulée en deux étapes, d'inégale importance. Au cours de la première (la plus brève : fin de la période de Gomel et début de la période moscovite) sa position est assez proche de celle de la Gestalt ou de Piaget. D'une part en effet, il récuse les différentes formes de psychologie subjective (ou mentaliste) qui, par leur approche désincarnée des phénomènes de conscience, se révèlent incapables de fournir une analyse objective des processus psychiques supérieurs ; d'autre part, il critique également la réflexologie pour son incapacité à rendre compte efficacement des phénomènes de conscience, et notamment pour son inaptitude à donner un statut adéquat aux énoncés verbaux qu'elle utilise par ailleurs au cours des expériences. La solution que Vygotsky propose à cette époque se situe néanmoins à l'intérieur de la réflexologie, dans le cadre de laquelle il lui paraît possible de réaliser une étude objective des phénomènes de conscience, qu'il définit en termes de « mécanismes complexes de transmission de réflexes ».

Cette position initiale sera cependant rapidement dépassée, à la suite notamment d'une longue réflexion épistémologique (1) qui aboutira à l'ouvrage charnière que constitue *La signification historique de la crise de la psychologie* (1926). Dans ce texte, Vygotsky approfondit tout d'abord son analyse de la « crise » de la psychologie ; selon lui, l'état de cette discipline au premier quart de ce siècle n'est pas un état de pluralité et de diversité, mais un *état de scission :* les théories s'opposent les unes aux autres sur la base de ce qu'elles considèrent comme des faits incompatibles (réflexes vs. complexes par exemple). En réalité, affirme Vygotsky, les faits ne sont pas des entités brutes et « préthéoriques » ; ils sont au contraire, par essence, « chargés de théorie » ; et il faut considérer dès lors que les différences entre courants théoriques ne résultent pas d'interprétations différentes de mêmes faits, mais bien plutôt de la prise en compte de *faits différents*, situés à des *niveaux de fonctionnement différents*. Les divers courants théoriques recueillent certes des corpus de données, dans des domaines limités, et en fournissent une explication apparemment valide. Mais à partir de là, ils projettent leurs analyses sur d'autres niveaux de fonctionnement psychologique (les réflexologues traitent les énoncés introspectifs comme des « réflexes d'ordre supérieur », les psychanalystes expliquent toute conduite par référence aux pulsions, etc.) et se livrent à des extrapolations sur l'ensemble de l'objet de la psychologie, qui se diluent d'ailleurs souvent en considérations pseudo-philosophiques (2). Accentuant sa critique, Vygotsky en vient ensuite à affirmer que l'ensemble de ces courants se caractérise par une attitude qui reste fondamentalement *dualiste* : les uns s'occupent de « la matière » et tentent de tout réduire à des processus élémentaires (réflexes, renforcements, etc.), les autres traitent de « l'esprit », de la conscience ou de la culture, sans se préoccuper vraiment des conditons matérielles de leur fonctionnement. Dans ce qui constitue objectivement un partage des tâches, les deux options sont complices ; elles acceptent de fait ce partage et le dualisme qui en résulte immanquablement ; et Vygotsky cite à ce propos l'exemple de Pavlov, qui interdisait à ses élèves de parler d'états subjectifs, mais qui envoya de très chaleureuses félicitations à Cheplanov (son « concurrent » psychanalyste) lors de l'inauguration de l'Institut de Psychologie de Moscou.

Pour dépasser cette situation, Vygotsky va alors formuler un ensemble de propositions qui constituent plus une *rupture* qu'une « troisième voie » ; en premier lieu, il énonce des principes de méthodologie générale (ou de psychologie générale) qui définissent un appareil conceptuel servant en quelque sorte de relais entre la psychologie et le matérialisme dialectique, et qui contribuent à homogénéiser le champ de la psychologie :

— éviter toute forme de réductionnisme, et toute forme d'idéalisme ;

— tendre à l'explication des phénomènes, sur le modèle des sciences de la nature, et ne pas se contenter de descriptions ;

— adopter une démarche génétique (ou dialectique), c'est-à-dire chercher l'explication dans l'histoire et dans le développement.

En second lieu, dans le champ de la psychologie proprement dite, il développera quatre thèmes fondamentaux :

— les fonctions psychiques supérieures ne peuvent être expliquées par le renvoi réductionniste à des processus élémentaires ; *il existe différents niveaux de fonctionnement psychologique,* qui ont chacun des caractéristiques spécifiques et « irréductibles » (sur ce point, Vygotsky est proche de Piaget et des théoriciens de la Gestalt) ;

— la pensée et la conscience ne constituent pas une émanation de caractéristiques structurales ou fonctionnelles internes (c'est-à-dire situées « à l'intérieur de la peau », selon la formule de Watson), mais elles sont au contraire déterminées par les activités externes et objectives réalisées avec les congénères, dans un environnement social déterminé. Cette idée de la *genèse sociale de la pensée*, héritée à la fois de Spinoza et du marxisme, et déjà présente dans un article de 1924, est sans doute l'élément nodal de la pensée de Vygotsky, et celui par lequel il se distingue radicalement d'auteurs comme Piaget ;

— le concept central de la psychologie est celui d'*activité,* définie comme l'unité d'analyse intégrant les caractéristiques sociales-interactives et individuelles-cognitives des conduites ;

— la coopération sociale dans l'activité se réalise au moyen d'*instruments*, au rang desquels les *signes verbaux* jouent un rôle primordial ; c'est par l'intériorisation progressive de ces instruments de coopération que se construit la pensée consciente, qui prend en charge et « régule » les autres fonctions psychiques. Au terme de ce processus, la conscience devient « un contact social avec soi-même ».

Il résulte de ces thèses fondatrices de *l'interactionisme social* que les instruments sont des moyens de contact avec le monde extérieur aussi bien qu'avec soi-même (avec sa propre conscience) et que c'est donc au travers de leur étude que se réalisera l'unification de la psychologie. La méthode préconisée par Vygotsky sera dès lors qualifié de « *méthode instrumentale* », l'analyse des signes constituant pour lui « l'unique méthode adéquate pour étudier la conscience humaine ».

L'interactionisme social et la méthode instrumentale expliquent dès lors l'apparent éclectisme de Vygotsky ; les recherches qu'il a conduites dans les domaines de la pédagogie, de la pathologie ou de la psychologie interculturelle ne sont pas de l'ordre de l'application à la pratique d'une quelconque « théorie fondamentale » ;

Vygotsky aborde la pédagogie parce que c'est *dans l'institution scolaire* que se fabriquent la plupart des instruments et la plupart des significations sociales ; et il compare le développement des fonctions psychiques supérieures dans des groupes culturels différents, *par principe,* parce que les significations et autres instruments dépendent de l'histoire de chaque groupe et qu'il n'y a pas de « sujet universel », indépendant du groupe.

## III.

Les pages qui précèdent n'abordent bien entendu que quelques aspects de l'œuvre de Vygotsky qui nous paraissent essentiels. Pour des approches plus détaillées et plus représentatives, le lecteur pourra consulter Cole & Scribner (1978), Mecacci (1983), Rivière (1984) et Wertsch (1985) notamment. De nouveaux travaux, mieux informés encore, paraîtront sans aucun doute dans les prochaines années, et cela pour deux raisons.

La première est qu'une partie importante des écrits de Vygotsky reste à découvrir et à analyser. Celui que Luria qualifie de « véritable génie » était trop exigeant et trop profondément marxiste pour se soumettre aux dogmes imposés à la science par le stalinisme. Vivement critiqué à partir de 1932 (3), Vygotsky fut en quelque sorte condamné à l'oubli après sa mort, ses ouvrages étant retirés de la circulation commerciale (et l'œuvre non publiée le restant bien évidemment). La (re-)découverte de son œuvre s'est effectuée en deux temps. Le premier débute avec la réédition soviétique, en 1956, de *Pensée et langage*, dans le cadre de la « libéralisation » de la période Kroutchev. Bien que réduit de quelques 150 pages dans sa version « résumée pour l'Occident » (les passages les plus orientés par le marxisme ayant été élagués sous prétexte qu'ils risquaient de nuire à la détente avec l'Occident), cet ouvrage fera forte impression, et sera rapidement traduit en anglais (1962), puis dans la plupart des langues occidentales (à l'exception du français !), et il révélera le Vygotsky psychologue de l'enfant. La seconde phase est plus récente ; depuis quelques années, les psychologues soviétiques ont entrepris la publication des œuvres complètes de l'auteur (1982-1984) et quelques chercheurs occidentaux, au rang desquels Wertsch occupe une place déterminante, en ont alors proposé une analyse critique d'une grande richesse, et ce travail se poursuit.

La seconde raison découle directement de ce qui précède : redécouverte dans toute son ampleur, la démarche de Vygotsky est apparue d'une actualité brûlante, et ce, sous trois aspects au moins :

a) Plus que jamais, la psychologie scientifique est marquée par le dualisme (en réalité, par l'idéalisme sous sa forme directe ou sous sa forme « à rebours ») : réductionnisme comportemental ou biologisant d'un côté, extrapolations débridées sur le statut de la conscience et de la vie psychique d'autre part. Les champs (sous-)disciplinaires restent clos, le partage des domaines et l'équilibre des forces étant, de fait, admis de tous. En outre, épisodiquement, surgissent de faux débats (des « débats-écrans ») comme celui qui a opposé ces dernières décennies les tenants d'un mécanisme rationalisant (Chomsky et ses épigones) aux héritiers du mécanisme empirique (Skinner et les behavoristes « durs »), et dont nous avons montré ailleurs (cf. Bronckart et al., 1983), qu'il servait en réalité à assurer la continuité des mêmes méthodologies réductionnistes. Obnubilées par le mirage platonicien, les sciences humaines occidentales poursuivent leur mouvement de balancier entre « l'ange » et « la bête », le bon sauvage plein d'affects et le robot plein d'efficacité, sans arriver à (ou sans vouloir) poser clairement le problème de l'interaction entre esprit et matière, c'est-à-dire sans reconnaître le statut fondamentalement social du fonctionnement humain. Au sortir d'une période dominée par les certitudes hollywoodiennes des « Tarzans » de l'épistémologie, le besoin d'un retour au scepticisme socratique et au questionnement de *La dialectique de la nature* se fait partout sentir. Dans cette voie, l'œuvre de Vygotsky apparaît comme un stimulant et comme un guide, ainsi que le fait apparaître B. Schneuwly dans la première partie de sa contribution (texte 8).

b) Une des difficultés majeures de la psychologie contemporaine réside dans la difficulté de formuler une analyse des conduites verbales intégrant leurs aspects sémantiques, syntaxiques et pragmatiques dans une même démarche explicative (cf. Bronckart et al. 1985). Dès le début de ce siècle, les autres grands précurseurs que furent Saussure, Wittgenstein et Bakhtine avaient certes jeté les bases d'une approche interactioniste du langage, les deux premiers en définissant le signe comme « valeur d'usage social » (et donc comme instrument fondamentalement communicatif), le troisième en abordant les différentes formes de discours comme des activités d'échange dialogique. Quand bien même ils les connaissaient et les appréciaient, les psychologues n'ont guère intégré ces analyses dans leurs études des conduites verbales ; qu'il s'agisse des courants behavoristes, ou des tendances cognitivistes plus récentes, leurs travaux reposent la plupart du temps sur une conception des unités verbales comme « forme arbitraire et conventionnelle de représentation de la réalité objective », sans prise en compte réelle des paramètres historiques et sociaux sous-tendant l'usage (cf. notamment les travaux ayant trait à la « mémoire sémantique » ou à « l'accès lexical »). Faut-il souligner, comme Vygotsky l'aurait sans doute fait, le caractère fondamentalement dualiste de cette sémiotique axée sur la seule représentation, que partagent chomskyens, piagétiens, et même une part non-négligeable des behavioristes contemporains !

Vygotsky n'a certes pas abordé l'étude du langage « en lui-même et pour lui-même », mais son approche de la genèse sociale de la conscience fournit un cadre théorique et méthodologique susceptible de donner une assise psychologique à la notion d'« usage ». Inversant la démarche généralement adoptée en ce domaine, il propose d'étudier d'abord le langage au titre d'instrument majeur de l'activité humaine, sous-tendu et organisé par les conditions et les motivations mêmes de cette activité. A cette approche initiale, que l'on qualifierait aujourd'hui de « pragmatique », succède une analyse sémantique, proche sous de nombreux aspects des formulations de Wittgenstein (cf. dans cet ouvrage, les textes 3 et 4 ainsi que les contributions de Schneuwly et de Wertsch), qui intègre les aspects dénotatifs des signes (issus de la filière intellectuelle de développement), et les aspects d'instruments sociaux. Vygotsky n'a cependant que peu abordé les aspects discursifs et syntaxiques de la langue. En ce domaine, l'œuvre de Bakhtine, très proche dans ses options épistémologiques, constitue un complément indispensable (cf. plus loin Wertsch, texte 7) et un travail de psychologie du discours d'inspiration vygotskienne est actuellement en cours d'élaboration (cf. Bronckart et al., 1985 et Schneuwly, texte 8).

c) Compagnons de toujours, l'éducation et les sciences humaines ont cependant toujours entretenu des relations conflictuelles. Après quelques siècles au cours desquels les enseignants s'étaient méfiés (voire totalement coupés) des sciences, et avaient adopté une démarche essentiellement scolastique centrée sur la reproduction de savoirs classiques et d'attitudes morales, le premier quart de ce siècle a vu surgir, en U.R.S.S., aux U.S.A. aussi bien qu'en Europe, des courants de rénovation largement inspirés d'une ré-estimation du statut psychologique de l'enfant. Comme l'affirmait notamment Piaget (1969), le développement des sciences expérimentales allait enfin permettre de fonder l'action pédagogique, non plus sur de vagues conceptions de l'âme enfantine ou des besoins de la société, mais sur des données scientifiques crédibles. Et dans la logique de cette conception, se sont en effet développées un ensemble de démarches d'« application » à la pédagogie, de données scientifiques « fondamentales » : linguistique appliquée, psychologie pédagogique, etc. Ce statut de la pédagogie comme « champ d'application » de disciplines fondamentales constitue un paradoxe, qui est particulièrement clair dans le domaine de la psychologie cognitive : les expériences sont réalisées (la plupart du temps) en situation scolaire, sans que soient pris en considération les aspects socio-institutionnels de cette même situation ; les données recueillies sont ensuite analysées dans le cadre d'une psychologie universalisante et a-sociale, et elles sont enfin ré-injectées dans le milieu scolaire, au titre de données fondamentales (d'élément de « compétence ») évidemment soumises aux aléas de tout fonctionnement effectif (c'est-à-dire de toute « performance »).

Dans l'optique vygotskyenne, cette coupure entre psychologie fondamentale et application pédagogique n'a pas de sens ; comme l'affirme Rivière (op. cit.), l'éducation est pour lui « la prémisse essentielle de l'observation, et l'horizon principal de traduction pragmatique de la psychologie scientifique » (p. 15). Il n'y aurait pas, d'un côté des « acquisitions naturelles » descriptibles en termes de mécanismes universels, et d'un autre côté des situations d'apprentissage « artificiel », liées à des institutions humaines : tout apprentissage humain est à la fois artificiel et naturel, et toujours en partie dépendant d'une des institutions humaines. *L'école est dès lors le lieu même de la psychologie,* parce que c'est le lieu même des apprentissages et de la genèse des fonctions psychiques.

## IV.

L'ouvrage qui suit est organisé en deux parties. La première est consacrée à l'œuvre de Vygotsky, et en particulier à des textes directement en rapport avec les trois thèmes d'actualité que nous venons de commenter. La seconde présente des textes classiques ou contemporains traitant de divers « thèmes vygotskiens ».

Dans la première partie, les textes 1 et 2 résument l'analyse que Vygotsky propose de la crise de la psychologie ; ils présentent ses options épistémologiques fondamentales, ainsi que les caractéristiques générales de son approche méthodologique. Les textes 3 et 4, extraits de *Pensée et langage* présentent les hypothèses de l'auteur en ce qui concerne la genèse du langage (deux racines de développement distinctes qui fusionnent), le statut des significations verbales et les caractéristiques du langage intérieur. Le texte 5 enfin, au travers d'une étude des rapports entre apprentissage et développement, fait ressortir la position de Vygotsky en matière de relations entre psychologie et éducation.

Dans la seconde partie, nous présentons, pour la première fois en français, l'article que Piaget rédigea à la fois comme complément et comme réponse à la parution anglaise de *Pensée et langage*. Ce texte 6 illustre parfaitement la nature de l'opposition entre les deux grands psychologues de l'enfant. Les trois autres contributions sont contemporaines, et elles représentent trois des directions que prennent actuellement les recherches de l'« école vygotskyenne ». James Wertsch (texte 7), qui est sans doute le meilleur spécialiste actuel de la psychologie soviétique, se livre à une analyse très approfondie de la sémiotique vygotskyenne, des concepts d'« outils », de « médiation », de « langage intérieur », etc., et il ouvre la voie à une intégration des propositions de Vygotsky et de Bakhtine. Bernard Schneuwly pour sa part (texte 8) développe l'un des thèmes favoris de Vygotsky, celui du langage écrit, qu'il aborde sur un plan théorique et sur un plan expérimental à partir de l'analyse vygotskienne du discours évoquée plus haut. Véra John-Steiner et C. Panofsky rassemblent enfin diverses expériences américaines récentes démontrant l'importance des variables sociales et culturelles sur le développement du langage.

L'ouvrage se termine par une bibliographie analytique des textes de Vygotsky et des écrits sur Vygotsky, préparée par Bernard Schneuwly.

*Notes :*

1. Vygotsky conçut ce texte au cours d'une longue période d'hospitalisation, en 1926. Le manuscrit ne fut pas publié du vivant de l'auteur, se perdit durant la seconde guerre mondiale, fut retrouvé en 1960, et publié en 1982.

2. Il faut convenir que cette « philosophie spontanée des savants » (cf. Althusser, 1974) n'a cessé de se développer depuis, Skinner glosant sur la liberté, Chomsky sur l'acquisition du langage, Monod sur l'origine de l'humanité, etc.

3. Le pouvoir stalinien reprocha notamment à Vygotsky la « testomanie » dont faisaient preuve — effectivement — les pédologues, testomanie que Vygotsky avait bien entendu dénoncée, et qui l'avait amené à prendre ses distances avec ce mouvement.

# PREMIÈRE PARTIE

# TEXTES DE VYGOTSKY

# 1. Les bases épistémologiques de la psychologie*

L'histoire du développement des fonctions psychiques supérieures est en champ encore largement inexploré par la psychologie. Bien que l'étude de ce processus soit extrêmement importante pour connaître et bien comprendre tous les aspects de la personnalité de l'enfant, la psychologie n'a même pas encore défini clairement les limites du domaine et n'a déterminé ni les problèmes fondamentaux ni les méthodes d'investigation ni même les buts de la recherche. Elle n'a donc pas élaboré d'hypothèses de travail et les premières esquisses théoriques qui, si elles étaient développées, aideraient grandement le chercheur à passer au crible les faits observés et récoltés, se trouvent à l'état embryonnaire.

Le concept même de développement des fonctions psychiques supérieures — un des concepts de base de la psychologie génétique — est, à notre avis, encore confus et vague. Il n'est pas encore suffisamment défini par rapport à d'autres concepts voisins et son contenu reste à définir. Étant donné cette situation, on comprendra que toute recherche dans le domaine doit commencer par poser en termes clairs les questions fondamentales et par déterminer ses buts. Une recherche monographique sur l'histoire du développement des fonctions psychiques supérieures qui se fixe comme objectif de traiter systématiquement et exhaustivement les contributions théoriques partielles qui existent déjà doit donc commencer, comme toute recherche dans un nouveau champ du savoir, par définir exactement son objet d'analyse.

A ce niveau apparaît une difficulté supplémentaire qui tient à ce que la définition même de l'objet exige un changement fondamental par rapport à la manière traditionnelle d'aborder le processus de développement psychique de l'enfant. Il est impossible de poser correctement le problème sans partir d'un point de vue complètement différent de celui qui est habituellement adopté ; dans les diverses branches des sciences humaines, il est cependant souvent beaucoup plus facile d'observer des milliers de faits nouveaux que de définir une nouvelle orientation pour aborder quelques faits déjà connus. De nombreux faits reconnus et intégrés comme significatifs dans le système de la psychologie de l'enfant prennent une signification tout à fait nouvelle quant on les regarde du point de vue de l'évolution des fonctions psychiques. Il y a là une difficulté qui ne provient pas tant de l'existence de points obscurs, inexplorés dans le domaine, que dans la façon artificielle de poser le problème et de l'interprétation unilatérale d'une bonne partie du matériel scientifique recueilli depuis des dizaines d'années.

Nous appelons erronnées et unilatérales celles parmi les approches du développement des fonctions psychiques supérieures qui ne relèvent pas la nature essentiellement historique de celui-ci et qui ne tiennent pas suffisamment compte de la distinction entre ce qui est culturel, historique et social et ce qui, au contraire, est instinctif, naturel et biologique. Tout en présentant un intérêt énorme, les nombreuses recherches et monographies qui ont jusqu'à présent été consacrées aux divers aspects, particuliers et généraux, concernant le développement des fonctions psychiques supérieures de l'enfant — sur le langage et le dessin, sur la capacité de lire et d'écrire, sur la logique et la vision du monde, sur le développement de la capacité d'effectuer des opérations de calcul (jusqu'à l'algèbre et la formation des concepts) — abordent ces processus et ces fonctions d'un point de vue exclusivement naturaliste. (...)

La recherche en psychologie n'a pas encore pris conscience de la différence qui existe entre processus de développement et de maturation organique d'une part et processus culturel de l'autre, de la différence fondamentale entre ces deux ordres génétiques et donc de la différence qui en découle sur le plan des lois qui règlent ces deux aspects du développement du comportement de l'enfant. Aujourd'hui comme dans le passé, la tendance dominante en psychologie de l'enfant considère les faits de développement culturel et organique du comportement de l'enfant comme unis en une seule série, comme phénomènes d'un seul type, d'une seule nature psychologique, régis par des lois communes.

Nous devons donc essayer de mieux définir les différentes caractéristiques de ces deux positions pour situer le point de départ de nos recherches.

Dans la perspective traditionnelle, la méthode de recherche est caractérisée par trois aspects fondamentaux : a) l'étude des fonctions psychiques supérieures à travers la définition des processus naturels qui les composent ; b) la réduction des processus psychiques supérieurs complexes à des processus naturels ; c) l'ignorance des lois et des caractéristiques spécifiques du développement culturel du comportement. Ces trois aspects sont communs à la vieille psychologie empirique et subjective et à la nouvelle psychologie objective, au behaviorisme américain et à la réflexologie russe.

Bien que ces courants psychologiques diffèrent en ce qui concerne leurs bases théoriques — il ne faut pas le perdre de vue un seul instant —, ils ont en commun un critère méthodologique formel, mentionné par de nombreux chercheurs : ils posent les problèmes dans une perspective strictement analytique et donnent à l'expérimentation scientifique la tâche de subdiviser les formes supérieures de l'activité psychique en éléments primordiaux et donc à les réduire à des formes plus primitives. Ils ignorent ainsi une différence qualitative qui en peut en aucune manière être réduite à une différence simplement quantitative. Ce type de position peut être qualifié plus généralement de non-dialectique.

Pour la psychologie subjective, le but principal de la recherche expérimentale était d'isoler, par voie d'abstraction, les élements premiers, indivisibles, de l'expérience. Il s'agissait tantôt de phénomènes psychiques tels la sensation, le sens du plaisir, le sens du désagrément ou la volonté, tantôt de processus psychiques élémentaires ou de fonctions telles l'attention ou l'association. Décomposés en leurs éléments, les processus supérieurs et plus complexes étaient entièrement réduits à des processus très différents du point de vue de leur complexité et de leur forme ; on obtenait ainsi une gigantesque mosaïque de la vie psychique faite de branches isolées de l'expérience : un panorama atomiste grandiose de l'esprit humain désarticulé.

La psychologie objective, pour sa part, ne reconnaît pas d'autres méthodes pour l'analyse d'une unité complexe que la réduction à des éléments simples. La réflexologie ferme les yeux devant les caractéristiques qualitatives des formes supérieures de comportement. Elle ne les aborde pas d'une manière fondamentalement différente de celle dont elle traite les processus élémentaires inférieurs. Les processus du comportement sont tous indistinctement réduits à des chaînes de réflexes, différenciées uniquement par la longueur et le nombre de liens qui les forment et qui dans certains cas sont inhibés dans leurs aspects extérieurs. Le behaviorisme travaille avec des unités légèrement différentes. Si l'on substitue toutefois, dans une recherche réalisée par la réflexologie sur les formes supérieures du comportement, les réflexes par les réactions, on trouvera des résultats on ne peut plus similaires aux analyses proposées par la psychologie réflexologique.

A vrai dire, dans ses formes les plus avancées, le behaviorisme est enclin à souligner l'importance et la signification de l'organisme comme un tout et à reconnaître la différence entre une recherche physiologique et ce qui devrait être une recherche globale, psychologique, des processus supérieurs du comportement. Il est parfois même amené à considérer les unités globales complexes en tant que telles. Il a parlé ainsi des fonctions acquises ; celles-ci forment des systèmes d'aptitudes élaborés et prêts à être utilisés dans une situation exigeant leur intervention.

Le concept de système (ou de fonction) est évidemment déjà différent de celui d'une somme artihmétique et d'une chaîne de réactions liées mécaniquement, puisqu'il implique une loi déterminée de structuration, une fonction particulière du système en tant que tel et en fin de compte une histoire du développement et de la formation de celui-ci. La somme ou la chaîne des réactions, par contre, ne présuppose rien d'autre que la simple coïncidence et l'association externe des stimuli perçus et des réactions. En outre, même lorsque le défenseur le plus acharné du béhaviorisme (celui qui refuse de considérer la fonction psychique comme un système d'aptitudes élaborées antérieurement) utilise ce concept, il doit nécessairement tenir compte du rapport de la fonction psychique à l'ensemble à l'intérieur duquel elle opère et de son caractère indivisible et global.

L'introduction des concepts de système et de fonction dans la psychologie du comportement représente sans doute un progrès par rapport à une conception purement mécanique ; mais les chercheurs qui les utilisent sont tôt ou tard amenés à refuser la conception entière sur laquelle ils se basent. Tels que la psychologie du comportement les a utilisé jusqu'à présent, ces concepts représentent en effet de fait une dénonciation de l'insuffisance des termes et des concepts traditionnels, mais n'ont pas constitué et ne constituent pas la prémisse de nouvelles hypothèses expérimentales adaptées à la nature psychologique des processus supérieurs de comportement.

Nous affirmons donc — en mettant sur le même pied la psychologie subjective et objective — que la position atomiste caractéristique de ces deux écoles ne permet pas, pour des raisons de principe et de fait, une recherche sur les processus psychiques supérieurs qui soit adaptée à leur nature psychologique. En substance, l'une et l'autre école se sont limitées à la seule recherche sur les processus élémentaires.

Ce n'est pas un hasard si, au cours de l'histoire de la psychologie de l'enfant, les chercheurs ont écrit uniquement des chapitres qui se réfèrent aux enfants en bas âge. A cette période, seules les fonctions élémentaires arrivent à maturation et se développent, alors que les fonctions supérieures se trouvent encore à un état embryonnaire et traversent leur période préhistorique. Nous montrerons par la suite qu'on ne peut pas comprendre le développement des fonctions psychiques supérieures et réaliser une recherche véritablement scientifique de leur genèse, si l'on ne comprend pas exactement cette période préhistorique de leur développement. Mais durant cette période, c'est incontestablement l'aspect naturel qui domine le développement des formes culturelles supérieures du comportement ; et cellesci ne sont donc effectivement accessibles qu'à une analyse élémentaire.

Il n'est pas étonnant que l'histoire du développement du langage de l'enfant se termine pour la majeure partie des chercheurs à l'âge le plus jeune ou, de fait, seul le processus d'acquisition de la capacité d'articulation et de la phonation (donc de l'assimilation de la forme extérieure, naturelle, du langage) parvient à une forme élaborée, tandis que le développement du langage en tant que forme supérieure, complexe, de comportement en est encore à ses premiers pas.

Tout se passe comme si pour étudier le développement du corps, on étudiait seulement le développement embryonnaire. Cette comparaison reflète l'état actuel réel des recherches dans le champ de la psychologie de l'enfant. En effet, dans la psychologie de l'enfant aussi, la tendance la plus répandue aujourd'hui est de prendre comme objet d'étude uniquement les toutes premières années du développement de l'enfant. La recherche se limite uniquement aux embryons. Tel est le talon d'Achille, le point faible de la psychologie de l'enfant à l'heure actuelle.

La tentative de connaître les lois du développement dans leurs rapports les plus simples et le fait de comparer le développement psychologique avec le développement embryonnaire démontrent à l'évidence que les écoles traditionnelles de psychologie se représentent le développement du comportement par analogie avec le développement embryonnaire du corps, c'est-à-dire comme un processus effectivement naturel, biologique ; cette position a par ailleurs un fondement objectif dans le développement cérébral intense marqué par l'augmentation du poids du cerveau et dans le développement des fonctions psychiques élémentaires fondamentales chez l'enfant durant les trois premières années de sa vie.

Loin de nous l'idée de minimiser, même un peu, l'importance de l'étude des premiers moments du développement psychique dans le contexte du développement de la personnalité de l'enfant. Non seulement le développement biologique du comportement se réalise de manière particulièrement intense dans la période qui suit immédiatement la naissance (et son étude est donc particulièrement indiquée pour la psychologie), mais de plus une connaissance complète de la « préhistoire » du développement des fonctions psychiques supérieures, de leurs racines biologiques et de leurs fondements organiques est indispensable pour pouvoir suivre ensuite ces mêmes fonctions dans l'histoire de leur développement postérieur. C'est précisément dans la plus tendre enfance que se trouvent les racines génétiques des deux formes fondamentales du comportement culturel : *l'utilisation des instruments et le langage humain*. Cette seule considération suffirait à faire comprendre que l'âge de la prime enfance constitue justement la période préhistorique du développement culturel.

Nous ne voulons donc pas du tout négliger l'importance de la période en question. Nos observations avaient uniquement pour but de montrer que la psychologie dont le champ d'investigation se borne au développement embryonnaire des fonctions psychiques supérieures, se trouve elle-même à un stade embryonnaire, puisque la signification même du terme « fonction psychique supérieure » lui est étrangère, et qu'elle limite nécessairement le concept de développement psychique de l'enfant au seul développement biologique des fonctions élémentaires, développement qui serait la conséquence immédiate de la maturation du cerveau et fonction de la maturation organique de l'enfant. (...)

Pourtant la psychologie objective et la psychologie subjective se différencient profondément quant à la manière d'aborder les fonctions psychiques supérieures. Tandis que la psychologie objective ne fait aucune distinction entre fonctions psychiques supérieures et inférieures, se limitant à distinguer réactions innées et réactions acquises et considérant ces dernières comme une classe unique de capacités, la psychologie empirique fait dépendre de manière très conséquente le développement psychique de l'enfant de la seule maturation des fonctions élémentaires et superpose ensuite à celles-ci un plan supérieur sans en expliquer ni la provenance ni la genèse : au dessus de la mémoire de type mécanique se construirait par exemple sa forme supérieure qu'est la mémoire logique ; sur l'attention spontanée, l'attention volontaire, sur l'imagination reproductive, l'imagination créative, sur la pensée par représentation, la pensée par concepts et ainsi de suite.

Toute l'étude des fonctions psychiques supérieures a ainsi été construite sur ces deux plans. Mais comme la psychologie de l'enfant s'est uniquement occupée du plan inférieur et que la genèse et le développement des fonctions supérieures sont tout à fait restés inexplorés, une fracture s'est créee entre la psychologie de l'enfant et la psychologie générale. Ce que la psychologie générale a découvert et défini comme attention volontaire, imagination créative, mémoire logique, volonté finalisée, et ainsi de suite, à savoir les formes et fonctions supérieures, est resté « terra incognita » pour la psychologie de l'enfant.

L'histoire du développement de la volonté de l'enfant n'est pas encore écrite. Nous montrerons ailleurs qu'en réalité c'est l'histoire du développement de toutes les fonctions psychiques et donc l'histoire du développement culturel de l'enfant qui n'est pas encore écrite. Ces trois affirmations sont équivalentes puisqu'elles expriment en substance la même pensée ; mais pour l'instant nous nous servirons de la première afin de montrer qu'elle peut être étendue à toutes les autres fonctions psychiques supérieures ; nous laissons de côté momentanément l'exposé du noyau de notre théorie : la démonstration de la relation réciproque entre les trois concepts que sont : *— les fonctions psychiques supérieures ; — le développement culturel du comportement ; — le contrôle des processus du comportement propre ou encore l'acquisition du contrôle des processus du comportement propre.*

L'obscurité régnant sur la genèse des fonctions psychiques supérieures mène nécessairement à une conception métaphysique selon laquelle les formes supérieures et inférieures de la mémoire, de l'attention, de la pensée coexisteraient sans aucun lien réciproque d'ordre génétique, fonctionnel ou structural, tout comme on s'imaginait, avant Darwin, la coexistence des différentes espèces animales.

Le dualisme entre fonctions supérieures et inférieures s'exprimait de façon extrême dans la subdivision métaphysique de la psychologie en deux branches indépendantes et autonomes : la psychologie explicative ou causale, physiologique ou naturaliste, et la psychologie descriptive, finaliste, centrée sur la compréhension, qui s'occupait des phénomènes de l'esprit en tant que fondements de toutes les disciplines humanistes. C'est la conception de Dilthey, Münsterberg, Husserl et de beaucoup d'autres, largement diffusée actuellement. (...)

On peut admettre sans difficulté que le rétablissement de la psychologie métaphysique, la négation complète de toute approche causale et matérialiste des problèmes de la psychologie, le retour à l'idéalisme pur au néoplatonicisme en psychologie, sont l'autre pôle de l'approche a-dialectique, atomiste, que nous avons exposée plus haut lorsque nous avons parlé de la subdivision mécanique de la sphère du psychique en éléments, et qui est à la base de la psychologie empirique. Les formes supérieures de comportement dont la genèse est liée au processus du développement historique de l'humanité soit sont assimilées au processus physiologique de l'organisme et leur développement se réduit alors à la période des premières années de vie durant laquelle on observe une augmentation intensive du poids du cerveau, soit sont séparées de tout élément matériel et considérées comme la manifestation d'une nouvelle vie, éternelle cette fois-ci, libre et extra-temporelle, idéale et accessible uniquement par une recherche intuitive qui prend la forme d'une « mathématique atemporelle de l'esprit ». Soit l'un, soit l'autre. Physiologie ou mathématique de l'esprit, et non pas l'histoire du comportement humain compris comme un aspect de l'histoire générale de toute l'humanité.

Pour fonder une psychologie définie comme une partie de la culture on a formulé des lois exclusivement naturelles ou exclusivement spirituelles, mais de toute façon non-historiques, des lois éternelles de la nature ou de l'esprit, mais non pas des lois historiques.

Cette position antihistorique est aussi reprise par quelques chercheurs contemporains qui se sont donnés pour but de sortir du cercle vicieux de la psychologie empirique en recourant à une théorie structurale du développement psychique et à une approche génético-fonctionnelle des problèmes de la psychologie de la culture. Il est vrai que ces chercheurs savent que les lois psychologiques qu'ils ont découvert en utilisant la méthode génétique sont valables seulement pour un « type » particulier d'enfant (pour l'enfant de notre époque). A ce point, il semblerait qu'on soit presque prêt à reconnaître le caractère historique de ces lois. Mais voilà que ces mêmes chercheurs régressent à une approche purement zoologique en affirmant que les lois qui règlent le développement du langage dans la prime enfance sont les mêmes que celles qui président à l'acquisition de la capacité d'utiliser des instruments chez le chimpanzé et que ce sont donc des lois biologiques, aucune concession n'étant faite à la spécificité des formes supérieures du comportement humain.

Le concept de structure est étendu indifféremment à toutes les formes du comportement et de la vie psychique. Ainsi, à nouveau, « tous les chats sont gris » à la lumière, ou mieux, dans l'obscurité de la structure : avec la seule différence qu'une loi éternelle de la nature, la loi de l'association, est remplacée par une autre loi de la nature, tout aussi éternelle, celle de la structure. Ces concepts n'expriment donc pas plus justement l'aspect culturel, historique du comportement humain. Le concept de structure trouve lentement son chemin dans la physiologie de l'activité nerveuse, puis encore plus profondément dans la physique, et ainsi ce qui est historique (tout phénomène culturel est par nature historique) se confond encore une fois avec ce qui est naturel, ce qui est naturel avec ce qui est instinctif.

Même dans les meilleures expériences consacrées au développement du langage et de la pensée chez l'enfant d'âge scolaire et pré-scolaire, au développement du jugement, du raisonnement, de la conception et de la représentation du monde, de la causalité ainsi qu'au développement d'autres fonctions supérieures plus complexes comme la formation et les aspects de la personnalité infantile, tous les problèmes sont étudiés avec la même méthode que celle qui sert à explorer les catégories psychiques naturelles, en dehors de toute dimension historique. La représentation du monde et de la causalité chez l'enfant européen contemporain ou chez un enfant d'une quelconque tribu primitive, la conception du monde d'un enfant de l'âge de la pierre, du moyen âge et du 20e siècle sont ainsi considérés comme phénomènes tout à fait identiques, statiques, égaux.

Le développement culturel est séparé du développement historique et considéré comme un processus indépendant, réglé par des forces intérieures et soumis à sa logique propre immanente. Le développement culturel est considéré comme un développement spontané. De là découle le caractère inconditionnel de toutes les lois qui dirigent le développement de la pensée et de la conception du monde chez l'enfant.

Nous avons donc de nouveau à faire aux lois éternelles de la nature. L'animisme et l'égocentrisme infantiles, la pensée magique basée sur la participation (représentation de similitude ou d'identité de phénomènes effectivement différents) et l'artificialisme (représentation de phénomènes naturels comme phénomènes artificiels, produits intentionnellement) et de nombreux autres phénomènes sont présentés comme formes psychologiques congénitales, propres au développement de l'enfant, tandis que l'enfant et par là même le développement de ses fonctions psychiques supérieures sont abordés « in abstracto », en dehors du contexte social et culturel des formes de pensée logique, de la conception du monde et de la représentation causale qui lui sont propres. (...)

Abordons maintenant les conclusions de notre examen critique et établissons en premier lieu quel est le contenu concret qui se cache derrière les mots « développement des fonctions psychiques supérieures », et, par conséquent, quel est l'objet immédiat de notre recherche.

Le concept de « développement des fonctions psychiques supérieures » et l'objet de notre recherche comprennent deux groupes de phénomènes qui pourraient à première vue paraître très hétérogènes et qui, de fait, constituent deux branches, deux aspects fondamentaux du développement des formes supérieures du comportement, étroitement liés l'un à l'autre, mais irréductibles à un aspect unique, indifférencié.; Il s'agit d'abord des processus d'acquisition des instruments extérieurs de développement culturel et de pensée : la langue écrite et parlée, le calcul, le dessin ; il s'agit ensuite des processus de développement de fonctions psychiques spéciales, supérieures, qui ne sont ni délimitées ni définies de manière précise et qui, dans la psychologie traditionnelle, sont classées sous le nom d'attention volontaire, de mémoire logique, de formation des concepts et ainsi de suite. Celles-ci et les autres constituent dans leur ensemble ce que nous appelons conventionnellement processus de développement des formes supérieures du comportement chez l'enfant.

Nous avons vu que, dans le contexte de la psychologie de l'enfant, le problème du développement de ces formes supérieures de comportement n'a, en substance, jamais été compris du point de vue de sa nature tout à fait particulière.

Cela s'explique surtout par le fait que la psychologie de l'enfant n'a pas encore pris conscience de cette vérité indiscutable qu'est la nécessité de distinguer deux lignes fondamentalement différentes du développement psychique de l'enfant. Encore aujourd'hui, lorsqu'elle aborde le développement de l'enfant, elle confond l'une et l'autre et prend pour la simplicité et l'unité réelle d'un processus ce qui résulte en fait d'une approche insuffisamment différenciée d'un problème complexe. Disons-le plus simplement : la psychologie de l'enfant continue aujourd'hui encore à considérer le développement du comportement de l'enfant comme un processus simple, alors qu'il s'agit d'un phénomène complexe. La cause de tant de confusions, de tant d'interprétations erronnées et de formulations imprécises du problème du développement des fonctions psychiques supérieures a sans aucun doute son origine ici. Admettre l'existence de deux lignes de développement psychique chez l'enfant est la prémisse indispensable de notre recherche.

Le comportement d'un adulte contemporain, culturellement évolué, est le résultat de deux processus différents de développement psychique, si nous mettons pour quelques instants de côté le problème de l'ontogenèse, le problème du développement de l'enfant. Il y a, d'une part, le processus d'évolution biologique des espèces qui mène à l'apparition de «'l'homo sapiens », de l'autre, le processus de développement historique à travers lequel l'homme primitif a évolué culturellement. Dans la phylogenèse, ces deux processus (biologique et culturel) apparaissent de façon séparée, comme deux lignes autonomes et indépendantes, constituant l'objet de deux disciplines différentes de la psychologie.

Toute la particularité et la difficulté du problème du développement des fonctions psychiques supérieures réside dans le fait que les deux aspects sont fondus en un seul lors de l'ontogenèse et constituent alors réellement un processus unitaire, bien que complexe. Voilà pourquoi la psychologie de l'enfant n'a pas compris, jusqu'à présent, la nature effectivement particulière des formes supérieures du comportement.

*Note*

* Sous ce titre (qui est de nous) nous avons rassemblé des extraits d'un texte écrit en 1931 : « Istorya razvitya vysshy psykhichesky funktsy » (Histoire du développement des fonctions psychiques supérieures). La traduction a été faite part Catherine Haus.

## 2. La méthode instrumentale en psychologie*

1 Dans le comportement de l'homme, nous rencontrons toute une série d'adaptations artificielles qui visent à contrôler les processus psychiques. Par analogie à la technique, ces adaptations peuvent être définies conventionnellement comme « instruments psychologiques » (selon la terminologie de Claparède, « technique intérieure » ; selon celle de Thurnwald, « *modus operandi* »).

2. Comme toute analogie, celle-ci ne peut être complète, c'est-à-dire réalisée jusqu'à la coïncidence parfaite de toutes les caractéristiques des deux concepts ; on ne peut donc espérer retrouver dans ces formes d'adaptation l'ensemble des caractéristiques des instruments de travail. Une analogie se révèle exacte si l'on retrouve dans la comparaison des deux concepts la caractéristique principale et essentielle. Dans la comparaison qui nous intéresse, celle-ci réside dans la similitude entre le rôle des adaptations dans le comportement et celui de l'instrument dans le travail.

3. Les instruments psychologiques sont des élaborations artificielles ; ils sont sociaux par nature et non pas organiques ou individuels ; ils sont destinés au contrôle des processus du comportement propre ou de celui des autres, tout comme la technique est destinée au contrôle des processus de la nature.

4. Voici quelques exemples d'instruments psychologiques et de leurs systèmes complexes : le langage, les diverses formes de comptage et de calcul, les moyens mnémotechniques, les symboles algébriques, les œuvres d'arts, l'écriture, les schémas, les diagrammes, les cartes, les plans, tous les signes possibles, etc.

5. Intégré dans le processus comportemental, l'instrument psychologique modifie le déroulement et la structure des fonctions psychiques en déterminant, par

ses propriétés, la structure du nouvel acte instrumental, tout comme l'instrument technique modifie le processus d'adaptation naturelle en déterminant les formes des opérations de travail.

6. A côté des actes et des processus de comportement naturel il est nécessaire de distinguer des fonctions et des formes de comportement artificiel ou instrumental. Les premiers se sont constitués, au cours de l'évolution, en tant que mécanismes particuliers et sont communs à l'homme et aux animaux supérieurs ; les autres constituent des acquisitions successives de l'humanité, produits du développement historique et formes de comportement spécifiquement humain. Dans ce sens, Ribot définit l'attention spontanée comme naturelle et l'attention volontaire comme artificielle, considérant cette dernière comme un produit du développement historique (voir les idées de Blonskij).

7. Les actes artificiels ne sauraient être considérés comme surnaturels, ou en dehors de la nature et réglés par des lois nouvelles et particulières. Semblables à des actes naturels, ils peuvent être décomposés et ramenés à ceux-ci en dernière instance, tout comme n'importe quelle machine (ou instrument technique) peut complètement être réduite à un système de processus et de forces naturels. C'est la combinaison (construction) et la direction, la substitution et l'usage de ces processus naturels qui est artificiel. Le rapport entre processus naturels et instrumentaux peut être illustré par le schéma triangulaire suivant :

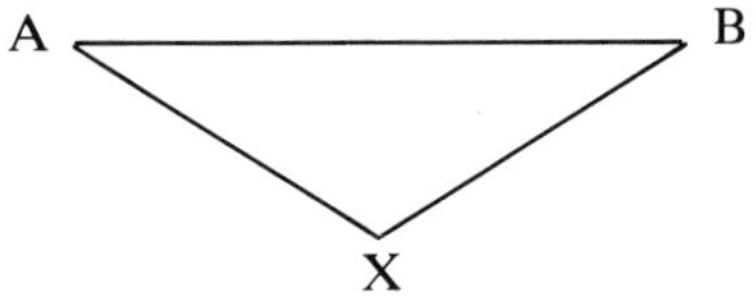


Dans la mémoire naturelle, un lien associatif direct (réflexe conditionné) A-B s'instaure entre deux stimuli A et B ; dans la mémoire atificielle, mnémotechnique, la mémorisation de la même impression se fait à l'aide de l'instrument psychologique X (le nœud dans le mouchoir, le schéma mnémonique) ; au lieu du lien direct A-B, deux nouveaux liens s'instaurent : A-X et X-B ; chacun constitue le même processus naturel de réflexe conditionné soumis aux mêmes propriétés du tissu cérébral que le lien A-B ; ce qui est nouveau, artificiel, instrumental, c'est la substitution d'un lien unique A-B aux deux liens A-X et X-B conduisant au même résultat, mais à travers un parcours différent ; la nouveauté tient à la direction artificielle qui est imposée, par l'instrument, au processus naturel de l'instauration d'un lien conditionné et donc à l'usage actif qui est fait des propriétés naturelles du tissu cérébral.

8. Le schéma permet de clarifier la nature de la méthode instrumentale et la façon particulière par laquelle elle aborde le comportement et son développement. Elle ne réfute aucune des méthodes naturelles d'étude du comportement et n'entre pas en compétition avec elles. Le comportement humain peut tout à fait être considéré de deux points de vue différents : on peut d'une part le considérer comme un système complexe de processus naturels dont on essayera de connaître les lois de fonctionnement. De manière analogue, n'importe quelle machine pourrait être considérée comme un système de processus physiques et chimiques. On peut d'autre part l'aborder sous l'angle de l'usage que l'homme fait de ses propres processus naturels et des méthodes qu'il adopte à cette fin et étudier de quelle manière l'homme se sert des propriétés naturelles de son tissu cérébral et contrôle les processus qui s'y produisent.

9. La méthode instrumentale propose une nouvelle approche du rapport entre manifestation comportementale et phénomène extérieur. A l'intérieur d'un rapport unique stimulus-réponse (stimulus-réflexe) proposé par les méthodes naturelles en psychologie, la méthode instrumentale distingue deux rapports possibles entre le comportement et le phénomène externe ; dans un cas,

le stimulus assume la fonction de l'objet vers lequel est dirigée la manifestation comportementale de la personne à qui le problème est posé (manifestation comportementale visant à obtenir une solution : se rappeler, comparer, distinguer, évaluer, soupeser quelque chose, etc.). Dans l'autre cas, il assume la fonction d'un instrument à l'aide duquel nous contrôlons et réalisons les opérations psychologiques nécessaires pour la résolution d'un problème (rappel, comparaison, distinction, et ainsi de suite). Dans chaque cas, la nature psychologique du rapport entre manifestation comportementale et stimulus externe est radicalement différente et le stimulus détermine, conditionne et organise notre comportement d'une manière tout à fait particulière. Dans le premier cas, il serait exact de définir le stimulus comme « objet », dans l'autre, au contraire, comme « instrument psychologique » d'un acte instrumental.

10. La particularité la plus notable de l'acte instrumental, dont la découverte est à la base de la méthode instrumentale, est la co-présence de deux types de stimuli, l'objet et l'instrument, chacun ayant une fonction qualitative et fonctionnelle différente. Un nouvel élément intermédiaire s'intercalant entre l'objet et l'opération psychique, dirigée sur celui-ci, apparaît dans l'acte instrumental : il s'agit de l'instrument psychologique qui devient le centre structural, ou le foyer, donc l'élément qui détermine fonctionnellement tous les processus constituant l'acte instrumental. Tout acte de comportement devient alors une opération intellectuelle.

11. L'intégration de l'instrument dans le processus du comportement : 1) met en action toute une série de nouvelles fonctions liées à l'usage et au contrôle de l'instrument choisi ; 2) se substitue à et rend inutile toute une série de processus naturels dont le travail est développé par l'instrument ; 3) transforme le déroulement et les aspects particuliers (intensité, durée, suite, etc.) de tous les processus psychiques qui entrent dans la composition de l'acte instrumental, substitue certaines fonctions à d'autres, recrée et reconstitue toute la structure

du comportement tout comme l'instrument technique restructure toute la constitution des opérations de travail. Pris dans leur ensemble, les processus psychiques constituent une unité complexe, structurelle et fonctionnelle orientée vers une solution du problème posé. Ils sont coordonnées, et au cours de l'activité, définis par l'instrument ; ils forment ainsi un nouveau complexe : l'acte instrumental.

12. Du point de vue de la psychologie naturaliste, l'acte instrumental peut être réduit, dans l'ensemble de ses aspects, à un système de connexions stimulus-réponse. Le caractère unique de sa structure interne (dont les traits principaux viennent d'être énumérés : stimulus-objet, stimulus-instrument, restructuration et composition des réactions à l'aide d'instruments) définit la nature de l'acte instrumental pris dans sa globalité. Pour la psychologie naturaliste, l'acte instrumental est, dans sa composition, une élaboration complexe (un système de réactions) ou un tout synthétique. En même temps, du point de vue de la méthode instrumentale, c'est l'unité la plus élémentaire de comportement à laquelle la recherche centrée sur les unités élémentaires peut être confrontée.

13. L'instrument psychologique se différencie fondamentalement de l'instrument technique par la direction de son action. Le premier s'adresse au psychisme et au comportement, tandis que le second, tout en constituant aussi un élément intermédiaire entre l'activité de l'homme et l'objet externe, est destiné à obtenir tel ou tel changement dans l'objet même. L'instrument psychologique ne provoque pas de changement dans l'objet ; il tend à exercer une influence sur le psychisme propre (ou celui des autres) ou sur le comportement. Il n'est pas un moyen d'agir sur l'objet. Dans l'acte instrumental se manifeste par conséquent une activité relative à soi-même et non à l'objet.

14. Cette orientation particulière de l'instrument psychologique ne contredit en rien l'essence même du concept d'« instrument », car dans le processus d'acti-

vité et de travail sur la matière, l'homme « se présente face à la matière naturelle comme une puissance naturelle lui-même » (Marx 1983, p. 199). En agissant sur la nature extérieure pour la transformer, il modifie sa propre nature. Il agit sur elle et maîtrise ainsi le travail de ses propres forces naturelles (muscles, nerfs...). Contrôler celle « parmi les forces de la nature » que constitue son propre comportement est la condition indispensable pour le travail. Dans l'acte instrumental, l'homme se contrôle lui-même de l'extérieur, à l'aide des instruments psychologiques.

15. Il est bien entendu qu'un stimulus quelconque ne devient pas un instrument psychologique en vertu de ses propriétés physiques, (la dureté de l'acier, etc.) ; dans l'acte instrumental, ce sont les propriétés psychologiques des phénomènes extérieurs qui sont utilisées ; un stimulus devient un instrument psychologique par son utilisation comme moyen d'action sur le psychisme et sur le comportement. C'est pourquoi tout instrument est immédiatement un stimulus : s'il n'en était pas ainsi, s'il n'avait pas la capacité d'agir sur le comportement, il ne pourrait pas être un instrument. Mais tout stimulus n'est pas un instrument.

16. L'usage des instruments psychologiques augmente et élargit énormément les potentialités du comportement, rendant accessibles à chacun les résultats du travail des ancêtres (pensons à l'histoire des mathématiques et des autres sciences).

17. La méthode instrumentale est historico-génétique par nature. Elle ajoute à l'étude du comportement une dimension historique : « Le comportement peut être compris uniquement comme histoire du comportement » (Blonskij). Les principaux domaines de recherche dans lesquels la méthode instrumentale peut être appliquée avec succès sont les suivants : a) la psychologie historico-sociale et ethnique, qui étudie le développement historique du comportement, ses diverses formes et phases ; b) l'exploration des fonctions psychiques supérieures qui se sont constituées historiquement :

les formes supérieures de la mémoire (les études des techniques mnémoniques), de l'attention, de la pensée verbale ou mathématique, etc. ; c) la psychologie de l'enfant et la pédagogie. La méthode instrumentale n'a rien en commun (à part le nom) avec la logique instrumentale de Dewey et des autres pragmatistes.

18. La méthode instrumentale étudie le développement de l'enfant, mais surtout l'éducation, en voyant là le trait distinctif fondamental de l'histoire du petit être humain. L'éducation peut être définie comme étant le développement artificiel de l'enfant. Elle est le contrôle artificiel des processus de développement naturel. L'éducation ne fait pas qu'exercer une influence sur un certain processus évolutif ; elle restructure de manière fondamentale toutes les fonctions du comportement.

19. La théorie des dons naturels (Binet) tente de déterminer un processus de développement naturel de l'enfant qui ne dépend pas de l'expérience scolaire et de l'éducation. Elle étudie donc l'enfant indépendamment du niveau de scolarité dans lequel il se trouve. Inversement, la théorie des aptitudes ou des dons scolaires tente de déterminer uniquement le processus de développement scolaire. Elle étudie donc l'élève d'une certaine classe indépendamment de considérations sur le type d'enfant concerné. La méthode instrumentale étudie le processus du développement naturel et celui de l'éducation en tant que tout indissociable, afin de découvrir comment à un certain niveau de développement les fonctions naturelles d'un enfant particulier se sont restructurées. La méthode instrumentale tente de reconstruire l'histoire de l'enfant qui re-parcourt, dans le processus de l'éducation, le chemin que l'humanité a parcouru dans la longue histoire du travail. Elle essaye donc de voir comment « ... il modifie aussi sa propre nature. Il développe les potentialités qui y sont en sommeil et soumet à sa propre gouverne le jeu des forces qu'elle recèle. » (Marx 1983, p. 200). Si la première méthode étudie l'enfant indépendamment de son sta-

tut d'élève et si la deuxième étudie l'élève indépendamment de toutes ses autres caractéristiques d'enfant la troisième étudie un enfant particulier en sa qualité d'élève.

Pour de nombreuses fonctions psychiques naturelles (mémoire, attention), soit on ne constate pas de développement durant l'enfance soit à un degré tellement insignifiant qu'il ne peut être considéré comme la cause de l'énorme différence entre les activités correspondantes de l'enfant et de l'adulte. Dans le processus de développement, l'enfant est outillé et réoutillé avec des instruments les plus divers ; celui qui a atteint des niveaux supérieurs de développement se différencie du plus jeune par le niveau et le caractère de son outillage, de son équipement et donc par le degré de contrôle de son propre comportement. Les deux périodes fondamentales du développement sont les périodes préverbales et verbales.

20. Les différences entre les types de développement de l'enfant (dons et pathologie) apparaissent liées en grande partie au type et au caractère du développement instrumental. L'incapacité d'utiliser les fonctions naturelles propres et de contrôler des instruments psychologiques définissent essentiellement le type de développement de l'enfant.

21. L'étude d'une situation déterminée et d'une structure particulière de comportement de l'enfant requiert l'étude de ses actes instrumentaux et l'évaluation de la restructuration des fonctions naturelles entrant dans un acte donné. La méthode instrumentale est une méthode d'investigation du comportement et du développement à travers l'étude des instruments psychologiques utilisés dans le comportement et celle de la structuration des actes instrumentaux qu'ils suscitent.

22. Le contrôle des instruments psychologiques et par là même des fonctions psychiques naturelles propres élève chaque fois une fonction donnée à un niveau supérieur, accroît et augmente son activité, recrée sa structure et son mécanisme. Les processus psychiques natu-

rels ne disparaissent pas pour autant, mais s'intègrent à l'acte instrumental et deviennent fonctionnellement dépendants de l'instrument utilisé pour ce qui est de leurs structures.

23. La méthode instrumentale fournit les principes et les critères nécessaires à l'étude psychologique de l'enfant ; dans ce cadre, toutes les techniques d'investigation sont possibles : l'expérience, l'observation, etc.

24. Les expériences suivantes, réalisées par l'auteur ou à son initiative, peuvent servir d'exemples d'application de la méthode instrumentale : recherches sur la mémoire, le calcul, la formation des concepts chez l'enfant d'âge scolaire.

*Note*

*Paru en 1930 sous le titre « Instrumental'ny metod in psikhology ». Il s'agit de thèses proposées à la conférence de l'académie pour l'éducation communiste. La traduction a été établie par Catherine Haus.

# 3. Les racines génétiques du langage et de la pensée*

## I

L'étude génétique du langage et de la pensée a permis de découvrir que leurs relations subissent de nombreuses transformations. Les progrès de la pensée ne sont pas parallèles aux progrès du langage. Leurs deux courbes de croissance se croisent et se recroisent. Elles peuvent s'élever en ligne droite puis courir côte à côte, voire se confondre pour un certain temps, mais elles divergent toujours à nouveau. Ceci est vrai aussi bien de la phylogenèse que de l'ontogenèse.

Chez l'animal, le langage et la pensée jaillissent de racines différentes et se développent suivant des lignes différentes, ainsi que les études de Köhler, de Yerkes et d'autres travaux récents sur les grands singes le confirment. Les expériences de Köhler ont démontré que l'apparition chez l'animal d'une intelligence embryonnaire — c'est-à-dire d'une pensée proprement dite — n'est en aucune façon liée au langage. Les « inventions » des grands singes dans la fabrication et l'utilisation d'outils ou dans la découverte de détours pour la résolution de problèmes, bien qu'elles constituent indubitablement une forme de pensée rudimentaire, appartiennent à une phase pré-langagière du développement.

Selon Köhler lui-même, ses recherches prouvent que le chimpanzé dispose d'un embryon de comportement intellectuel de la même espèce et du même type que celui de l'homme. C'est l'absence de langage, « cette aide technique d'une valeur inestimable », et l'indigence des images, « ce matériau intellectuel de toute première importance », qui expliquent la différence fondamentale entre les anthropoïdes et l'homme le plus primitif et qui rendent « même les débuts les plus minces du développement culturel impossibles pour le chimpanzé » (Köhler 1921, p. 101, 102).

En liaison avec la description du langage des singes, nous aimerions souligner trois points. Tout d'abord, la coïncidence entre la production d'un son et les gestes affectifs, (particulièrement remarquable lorsque les chimpanzés sont très excités) ne se limite pas aux seuls anthropoïdes ; c'est au contraire un phénomène très courant parmi les animaux dotés d'une voix. Le langage humain tire certainement son origine du même genre de réaction expressive vocale.

Deuxièmement, les états affectifs qui suscitent d'abondantes réactions vocales chez les chimpanzés sont défavorables au fonctionnement de l'intelligence. Köhler mentionne à plusieurs reprises le fait que, chez les chimpanzés, les réactions émotionnelles, surtout celles d'une grande intensité, empêchent une opération intellectuelle simultanée.

Troisièmement, la décharge émotionnelle en tant que telle n'est pas la seule fonction du langage chez les grands singes. Comme chez les autres animaux et comme chez l'homme c'est également un moyen de contact psychologique avec d'autres congénères. Chez les chimpanzés de Yerkes et de Learned comme chez les grands singes observés par Köhler, il est impossible de nier cette fonction du langage. Mais celle-ci n'est pas liée aux réactions intellectuelles, c'est-à-dire à la pensée. Elle prend sa source dans l'émotion et elle constitue à l'évidence une partie du syndrome émotionnel complet, qui assure une fonction spécifique sur les plans biologique et psychologique. On est loin ici de tentatives conscientes et intentionnelles pour informer ou pour influencer autrui. Dans son essence, il s'agit d'une réaction instinctive ou de quelque chose qui en est extrêmement proche.

Le doute n'est guère possible : biologiquement, cette fonction du langage est l'une des plus anciennes et elle est, génétiquement, apparentée aux signaux visuels et vocaux émis par les « leaders » des groupes d'animaux. Dans une étude du langage des abeilles récemment publiée, Karl von Frisch décrit des formes de comportement, très intéressantes et très importantes sur le plan théorique, qui sont au service de l'échange et du contact et qui, indubitablement, prennent naissance dans l'instinct. En dépit des différences phénotypiques, ces manifestations comportementales sont fondamentalement similaires aux échanges des chimpanzés. Cette similitude souligne une fois de plus l'indépendance des « communications » des chimpanzés par rapport à toute activité intellectuelle.

Nous pouvons résumer nos conclusions ; elles seront utiles dans l'analyse ultérieure du problème de la relation entre le langage et la pensée.

1) Le langage et la pensée ont des racines génétiques différentes ;

2) ces deux fonctions se développent suivant des lignes différentes et indépendamment l'une de l'autre ;

3) il n'y a aucune corrélation précise et constante entre elles ;

4) les anthropoïdes manifestent une intelligence assez semblable à celle de l'homme *à certains égards* (l'utilisation embryonnaire d'outils) et un langage assez semblable à celui de l'homme *à de tous autres égards* (aspect phonétique de leur langage ; fonction de décharge de celui-ci ; débuts d'une fonction sociale) ;

5) la proche correspondance entre le langage et la pensée qui est la caractéristique de l'homme est absente chez les anthropoïdes ;

6) dans la phylogenèse du langage et de la pensée, on peut aisément discerner une phrase pré-langagière du développement de la pensée et une phase pré-intellectuelle du développement du langage.

## II

Sur le plan ontogénétique, les relations entre le développement du langage et celui de la pensée sont beaucoup plus obscures et complexes ; mais, là encore, nous pouvons distinguer deux lignes distinctes émergeant de deux racines génétiques différentes.

L'existence d'une période pré-verbale dans le développement de l'intelligence au cours de l'enfance n'a pu être que très récemment prouvée. Des enfants n'ayant pas encore appris à parler ont été soumis aux mêmes expériences (avec les modifications nécessaires) que les chimpanzés de Köhler. Ce dernier avait lui-même à l'occasion mené, à des fins de comparaison, certaines expériences sur des enfants, et Bühler a entrepris, avec les mêmes techniques, l'étude systématique d'un enfant. On a obtenu les mêmes résultats pour les enfants que pour les grands singes.

Les actions de l'enfant, écrit Bühler, « étaient exactement semblables à celles de chimpanzés, si bien que cette période de la vie de l'enfant pourrait parfaitement être appelée « l'âge chimpanzoïde » ; chez notre sujet, il correspondait au dixième, onzième et douzième mois… »

« … A l'âge champanzoïde, apparaissent les premières inventions de l'enfant — des inventions très primitives sans aucun doute, mais extrêmement importantes pour son développement intellectuel » (Bühler 1928, p. 46).

Le point important de ces recherches aussi bien que des expériences menées sur les chimpanzés, c'est la découverte de l'indépendance des réactions intellectuelles rudimentaires par rapport au langage. A ce propos, Bühler fait le commentaire suivant :

« On avait l'habitude de dire que le langage était le début de l'hominisation (« Menschwerden ») ; c'est peut-être vrai, mais, avant le langage, il y a la pensée impliquée dans l'utilisation d'outils, c'est-à-dire la compréhension de rapports mécaniques, et la conception de moyens mécaniques à des fins mécaniques ; ou, pour le dire encore plus brièvement, avant l'apparition du langage, l'action devient subjectivement significative — en d'autres termes, consciemment dirigée » (ibid., p. 48).

On connaît depuis longtemps les racines pré-intellectuelles du langage dans le développement de l'enfant. Le babillage du nourrisson, ses pleurs, même ses premiers mots sont, de manière tout à fait évidente, des étapes du développement du langage qui n'ont rien à voir avec le développement de la pensée. On a généralement estimé que ces manifestations étaient des formes essentiellement émotionnelles de comportement. Pourtant, elles ne sont pas toutes au service exclusif de la fonction de décharge de l'émotion. De récentes recherches sur les formes les plus précoces du comportement de l'enfant et sur ses premières réactions à la voix humaine (recherches menées par Charlotte Bühler et son équipe) ont montré que la fonction sociale du langage apparaît déjà clairement durant la première année, c'est-à-dire pendant la période pré-intellectuelle de son développement. On a pu observer des réactions tout à fait nettes à la voix humaine à un âge aussi précoce que trois semaines, et la première réaction spécifiquement sociale à la voix pendant le deuxième mois (Bühler 1927, p. 124). Ces recherches ont également établi que le rire, les sons inarticulés, les mouvements, etc., sont des moyens de contact social possibles à partir des premiers mois de la vie de l'enfant. Ainsi, les deux fonctions du langage que nous avons observées dans le cours du développement phylogénétique sont déjà présentes et manifestes chez l'enfant de moins d'un an d'âge.

Cependant, la découverte la plus importante, c'est qu'à un certain moment, aux environs de l'âge de deux ans, les courbes de développement du langage et de la pensée, jusqu'alors séparées, se rencontrent et se confondent pour instaurer une nouvelle forme de comportement. L'explication qu'a donnée Stern de cet événement capital fut la première et la meilleure. Il a montré comment la volonté de conquérir le langage suit la première prise de conscience des finalités du langage, lorsque l'enfant « fait la plus grande découverte de sa vie », à savoir que « chaque chose a son nom » (Stern 1914, p. 108).

Ce moment crucial ou le langage commence à être au service de l'intelligence et ou les pensées commencent à être verbalisées, deux signes objectifs et indéniables le révèlent : 1) la curiosité aussi soudaine qu'active de l'enfant pour les mots ; ses questions sur chaque chose nouvelle : « qu'est-ce que c'est ? » et 2) l'accroissement brusque et rapide de son vocabulaire qui en résulte.

Avant ce moment décisif, l'enfant (comme certains animaux) reconnaît bien un petit nombre de mots qui, comme dans un conditionnement, remplacent des objets, des personnes, des actions, des états ou des désirs. A cet âge, il ne connaît que les mots qui lui sont fournis par autrui. Désormais, la situation change : l'enfant ressent le besoin des mots et, par ses questions, tente activement d'apprendre les signes attachés aux objets. Il semble avoir découvert la fonction symbolique des mots. Le langage, qui à l'étape antérieure était affectivo-conatif, entre maintenant dans sa phase intellectuelle. Les courbes du langage et de la pensée se sont rencontrées.

A ce stade, le problème du langage et de la pensée est noué. Examinons maintenant ce qui se passe lorsque l'enfant effectue sa « plus grande découverte » et voyons si l'interprétation de Stern est la bonne.

Bühler et Koffka comparent tous deux cette découverte aux inventions du chimpanzé. Pour Koffka, le nom, une fois découvert, pénètre dans la structure de l'objet, exactement comme le bâton devient un élément de la tâche qui consiste à obtenir un fruit (Koffka 1925, p. 243).

Il nous faudra discuter plus tard la validité de cette analogie, quand nous examinerons les relations fonctionnelles et structurelles entre le langage et la pensée. Pour le moment, nous nous contenterons de noter que « la plus grande découverte de l'enfant » ne devient possible qu'à partir du moment ou un niveau relativement élevé de langage et de pensée a été atteint. En d'autres termes, le langage ne peut pas être « découvert » sans la pensée.

En bref, il nous faut conclure de la manière suivante :

1) dans leur développement ontogénétique, le langage et la pensée ont des racines différentes ;

2) nous pouvons avec certitude déterminer une étape pré-intellectuelle dans le développement langagier de l'enfant et une étape pré-langagière dans son développement intellectuel ;

3) jusqu'à un certain moment, les deux développement suivent des voies différentes, indépendantes l'un de l'autre ;

4) à un certain moment, ces voies se rencontrent, après quoi la pensée devient verbale et le langage rationnel.

## III

Quelle que soit la manière dont nous abordons le problème controversé des relations entre langage et pensée, il nous faudra largement traiter du *langage intérieur*. Son importance dans l'ensemble de nos processus de pensée est si grande que de nombreux psychologues, parmi lesquels Watson, l'ont même identifié à la pensée — qu'ils tiennent pour un langage inhibé et silencieux. Mais la psychologie ignore toujours comment s'accomplit le passage du langage exprimé au langage intérieur, à quel âge, par quel processus et pourquoi il s'accomplit.

Selon Watson, si nous ignorons à quel stade de leur organisation langagière les enfants passent du langage vocalisé au langage murmuré et, de là, au langage intérieur, c'est parce que ce problème n'a jamais été étudié qu'incidemment. Nos propres recherches nous amènent à penser que Watson ne pose pas correctement le problème. Nous n'avons aucune raison valable de supposer que le langage intérieur se développe de façon mécanique par l'intermédiaire d'une baisse progressive de l'audibilité de la parole (le murmure).

Il est vrai que Watson mentionne une autre possibilité : « peut-être, dit-il, les trois formes se développent-elles toutes en même temps » (1919, p. 322). Cette hypothèse, d'un point de vue génétique, nous semble aussi dépourvue de fondements que la séquence : langage à haute voix — murmure — langage intérieur. Aucune donnée objective ne vient renforcer ce « peut-être ». S'inscrivent contre cette hypothèse les profondes dissemblances, reconnues par tous les psychologues, Watson compris, entre le langage extérieur et le langage intérieur. Nous n'avons aucune raison de supposer que les deux processus, si différents *fonctionnellement* (l'adaptation sociale opposée à l'adaptation personnelle) et *structurellement* (l'économie extrême et elliptique du langage intérieur rendent la structure du langage presque méconnaissable) puissent être *génétiquement* parallèles et concomitants. Il ne semble pas non plus plausible (pour revenir à la thèse principale de Watson) qu'ils soient reliés par le langage murmuré qui, ni dans sa fonction ni dans sa structure, ne peut être considéré comme une étape de transition entre le langage extérieur et le langage intérieur. Il ne se tient entre les deux que sur le plan phénotypique, non sur le plan génotypique.

Nos travaux sur le murmure des jeunes enfants justifient pleinement cette affirmation. Nous avons découvert que, structurellement, il n'y a presqu'aucune différence entre le murmure et le langage à haute voix ; fonctionnellement, le murmure diffère profondément du langage intérieur et ne manifeste même presqu'aucun de ses traits caractéristiques. Bien plus, le murmure ne se développe pas spontanément avant l'âge scolaire, bien qu'on puisse le provoquer à un âge très précoce : sous la pression sociale, un enfant de trois ans peut, pour de courtes périodes et avec un effort important, baisser la voix et murmurer ; c'est le seul fait qui puisse apparemment soutenir la conception de Watson. Nous ne partageons donc pas la thèse de Watson, mais nous pensons que son approche méthodologique est correcte : pour résoudre notre problème, nous devons rechercher le lien entre le langage vocalisé et le langage intérieur. Nous sommes enclin à voir ce lien dans le langage égocentrique tel que le décrit Piaget, langage qui, en plus de son rôle d'accompagnement de l'activité et de ses fonctions d'expression et de décharge émotionnelle, peut assumer aisément une fonction de planification, c'est-à-dire se transformer tout naturellement et sans problème en pensée proprement dite.

Si notre hypothèse s'avère exacte, nous devrons en conclure que le langage est intériorisé psychologiquement avant de l'être physiquement. Le langage égocentrique est un langage intérieur du point de vue de ses fonctions ; c'est, à sa manière, un langage intime, étroitement lié à l'organisation du comportement de l'enfant, déjà en partie incompréhensible pour autrui ; il est pourtant encore extérieur dans sa forme et ne montre aucune tendance à se transformer en murmure ou en quelque autre sorte de langage à mi-voix.

Nous devrions dès lors pouvoir également répondre à la question de savoir « pourquoi » le langage s'intériorise. Il s'intériorise parce que sa fonction change. Son développement s'effectuerait toujours en trois étapes — non pas celles proposées par Watson, mais celles-ci : langage extérieur - langage égocentrique - langage intérieur. Nous devrions également avoir à notre disposition une excellente méthode pour étudier le langage intérieur « sur le vif » pour ainsi dire, pendant que ses particularités structurelles et fonctionnelles sont en cours de formation ; ce serait une méthode objective puisque ces particularités apparaissent alors que le langage est encore audible, c'est-à-dire accessible à l'observation et à la mesure.

Nos recherches montrent que le développement du langage suit le même cours et obéit aux mêmes lois que le développement de toutes les autres opérations intellectuelles impliquant l'utilisation de signes, tels le calcul ou l'apprentissage par cœur au moyen de procédés mnémoniques. Nous avons découvert que ces opérations se développent généralement en quatre étapes. La première est l'étape primitive ou naturelle qui correspond au langage pré-intellectuel et à l'intelligence pré-verbale, sous leur forme originale.

Puis, vient l'étape que nous pourrions qualifier de « psychologie naïve » par analogie avec ce que l'on nomme la « physique naïve » : l'expérimentation par l'enfant des propriétés physiques de son corps propre, des objets qui l'entourent et l'application de ces expériences à l'utilisation d'outils : c'est le premier exercice de l'intelligence pratique de l'enfant. Cette étape est très nettement dessinée dans le développement de l'enfant. Elle se manifeste par un usage correct de formes et de structures grammaticales avant que ne soient comprises les opérations logiques qu'elles supportent. L'enfant peut manipuler des propositions subordonnées à l'aide de mots tels que « *parce que* », « *si* », « *quand* », « *sans (que)* », bien avant de saisir réellement les relations causales, conditionnelles ou temporelles. Il maîtrise la syntaxe du langage avant la syntaxe de la pensée. Les études de Piaget ont prouvé que la grammaire se développe avant la logique et que l'enfant apprend relativement tard les opérations intellectuelles correspondant aux formes verbales qu'il utilise depuis longtemps.

Avec l'accroissement progressif d'expériences psychologiques naïves, l'enfant entre dans une troisième étape qui se distingue par l'utilisation de signes extérieurs, d'opérations extérieures qui l'aident dans la résolution de problèmes intérieurs. C'est la période au cours de laquelle l'enfant compte sur ses doigts, recourt à des procédés mnémotechniques, etc. Quant au développement langagier, il se caractérise par le langage égocentrique.

La quatrième étape, nous l'appelons l'étape du « développement intérieur ». Les opérations extérieures s'intériorisent et leur processus subit un profond changement. L'enfant commence à compter dans sa tête, à utiliser sa « mémoire logique », c'est-à-dire à opérer à l'aide de signes intérieurs et de relations inhérentes aux objets de son activité. Dans le développement langagier, c'est la dernière étape, celle du langage intérieur silencieux. L'interaction entre les opérations intérieures et extérieures est alors constante, l'une se transformant fréquemment et sans effort en l'autre et réciproquement. Le langage intérieur peut, dans sa forme, se rapprocher énormément du langage extérieur voire devenir strictement semblable à celui-ci lorsqu'il lui sert de préparation — lorsqu'on réfléchit à un cours que l'on doit donner, par exemple. On ne trouve aucune séparation nette entre le comportement intérieur et le comportement extérieur et chacun influence l'autre.

Lorsqu'on examine la fonction du langage intérieur chez l'adulte, une fois son développement achevé, on doit se poser la question de savoir si, dans ce cas, les processus intellectuels et les processus langagiers sont nécessairement liés, si on peut les placer tous deux sur le même pied. Une nouvelle fois, comme dans le cas des animaux et des enfants, force nous est de répondre « non ». Schématiquement, nous pouvons nous représenter le langage et la pensée comme deux cercles s'entrecroisant. Là où les deux figures se recouvrent partiellement, le langage et la pensée coïncident pour produire ce que l'on appelle la pensée verbale. Mais la pensée verbale n'inclut certainement pas toutes les formes de pensée ni toutes les formes du langage. Il y a une vaste zone de la pensée qui n'a aucun rapport direct avec le langage. Le processus de pensée qui se manifeste dans l'utilisation d'outils appartient à cette zone, comme, d'une manière générale, l'intelligence pratique. Bien plus, les recherches des psychologues de l'école de Würzburg ont montré que la pensée peut fonctionner sans aucune image verbale ni aucune activité langagière détectables par introspection (observation de soi-même).

Les dernières expériences montrent également qu'il n'y a aucune correspondance directe entre le langage intérieur et les mouvements de la langue ou du larynx du sujet. De même, il n'y a aucune raison psychologique pour faire dériver de la pensée toutes les formes du langage. On ne peut mettre en cause aucun processus de pensée lorsqu'un sujet se récite silencieusement un poème appris par cœur ou lorsqu'il répète mentalement une phrase qui lui a été fournie à des fins expérimentales — quoi qu'en dise Watson. Enfin, il existe un langage « lyrique » suscité par l'émotion. Bien qu'il possède toutes les caractéristiques du langage, on peut difficilement le classer avec l'activité intellectuelle proprement dite.

Il nous faut donc en conclure que la fusion du langage et de la pensée, chez l'adulte aussi bien que chez l'enfant, est un phénomène limité à une zone circonscrite. La pensée non-verbale et le langage non-intellectuel ne font pas partie de cette fusion et ne sont qu'indirectement affectés par les processus de la pensée verbale.

## IV

Nous pouvons maintenant résumer les résultats de notre analyse. Nous avons commencé par tenter de retracer la généalogie du langage et de la pensée en nous servant des données de la psychologie comparée. Ces données ne permettent pas de retracer avec un degré suffisant de certitude le cours du développement du langage et de la pensée pré-humains. La question fondamentale (les anthropoïdes possèdent-ils le même type d'intelligence que l'homme ?) est encore l'objet de controverses. Köhler y répond par l'affirmative, d'autres par la négative. Mais, bien que ce problème puisse être résolu par des recherches ultérieures, une chose apparaît d'ores et déjà évidente : dans le monde animal, le chemin vers l'intelligence de type humain n'est pas le même que le chemin vers le langage de type humain ; le langage et la pensée n'émergent pas d'une même racine.

Même ceux qui voudraient refuser l'intelligence aux chimpanzés ne peuvent nier que les grands singes possèdent quelque chose qui se rapproche de l'intelligence ; que la forme très élaborée de formation d'habitudes qu'ils manifestent constitue une intelligence embryonnaire. Leur utilisation d'outils préfigure le comportement humain. Pour les marxistes, les découvertes de Köhler ne constituent pas une surprise. Marx (1914) a dit il y a longtemps que l'utilisation et la création d'instruments, bien que présentes sous une forme embryonnaire dans quelques espèces animales, sont un caractère spécifique du processus humain de travail. Le marxisme a depuis longtemps admis la thèse selon laquelle les racines de l'intelligence humaine plongent dans le royaume animal ; nous en trouvons l'élaboration dans Plekhanov (1922, p. 138). Engels (1935) a écrit que l'homme et les animaux ont en commun toutes les formes de l'activité intellectuelle ; que seuls diffèrent leurs niveaux de développement : les animaux sont capables de raisonner à un niveau élémentaire, d'analyser (casser une noix est un début d'analyse), d'expérimenter lorsqu'ils se trouvent confrontés à des problèmes ou pris dans une situation difficile. Certains, tel le perroquet, peuvent non seulement apprendre à parler mais aussi se servir des mots de manière significative dans un sens limité : lorsqu'il a faim, il utilise habituellement des mots par lesquels il obtiendra une friandise ; quand il est taquiné, il profère généralement les injures les plus choisies de son vocabulaire.

Il va sans dire qu'Engels ne crédite pas les animaux de la capacité de penser et de parler au même niveau que l'homme, mais il est inutile de donner ici plus de détails sur le sens exact de son affirmation. Nous souhaitons simplement établir que nous n'avons aucune raison sérieuse de nier la présence chez les animaux d'un langage et d'une pensée embryonnaires du même type que ceux de l'homme, langage et pensée qui se développent comme chez l'homme encore, en suivant des cours séparés. La capacité, pour un animal, de s'exprimer vocalement ne nous fournit aucune indication sur son développement intellectuel.

Résumons maintenant les données pertinentes que nous fournissent les récentes études menées sur les enfants. Nous découvrons que, chez l'enfant aussi, les racines et le cours du développement de l'intelligence sont différents de ceux du langage — qu'initialement l'intelligence est non-verbale et le langage non-intellectuel. Stern soutient qu'à un certain moment les deux courbes de développement se rejoignent, le langage devenant rationnel et la pensée verbale. L'enfant « découvre » que « chaque chose a son nom » et commence à demander comme on appelle chaque objet.

Certains psychologues (Delacroix 1924) sont en désaccord avec l'affirmation de Stern que ce premier « âge des questions » advient universellement et est nécessairement symptomatique d'une découverte capitale. Koffka adopte une position intermédiaire entre celle de Stern et celle des adversaires de celui-ci. Comme Bühler, il insiste sur l'analogie entre l'invention d'outils par le chimpanzé et la découverte par l'enfant de la fonction désignative du langage ; mais, selon lui, la portée de cette découverte n'est pas aussi large que Stern le supposait. Le mot, selon Koffka, devient une partie de la structure de l'objet à égalité avec ses autres parties. Pour un temps, le mot est pour l'enfant non pas un signe, mais simplement l'une des propriétés de l'objet, propriété qui doit être ajoutée pour rendre la structure complète. Comme Bühler l'a souligné, chaque objet nouveau fait se confronter l'enfant à une situation-problème qu'il résoud uniformément, en nommant l'objet. Quand le mot pour le nouvel objet lui manque, l'enfant le demande aux adultes (Bühler 1928, p. 54).

Nous pensons que cette manière de voir est très proche de la vérité. Les données recueillies sur le langage des enfants (confirmées par des données anthropologiques) suggèrent fortement que, pendant longtemps, le mot est pour l'enfant une propriété plutôt qu'un symbole de l'objet ; que l'enfant saisit la structure externe objet-mot plus tôt que la structure symbolique interne. Nous choisissons cette hypothèse « centrale » parmi celles qui nous sont proposées parce qu'il nous est difficile de croire, sur la base des données disponibles, qu'un enfant de dix-huit mois à deux ans soit capable de « découvrir » la fonction symbolique du langage. Ceci se produit plus tard, et non pas brusquement, mais progressivement, par l'intermédiaire d'une série de changements « moléculaires ». L'hypothèse que nous choisissons s'accorde avec la structure générale du développement de la maîtrise des signes dont nous avons exposé les grandes lignes dans la section précédente. Même chez un enfant d'âge scolaire, l'utilisation fonctionnelle d'un signe nouveau est toujours précédée par une période au cours de laquelle il apprend à maîtriser la structure externe de ce signe. De la même façon, ce n'est qu'au cours du processus qui consiste à opérer avec des mots tout d'abord conçus comme des propriétés des objets que l'enfant découvre vraiment et consolide leur fonction de signes.

Par conséquent, la notion sternienne de « découverte » demande à être redéfinie et limitée. Son principe fondamental, cependant, reste valide : il est évident qu'ontogénétiquement le langage et la pensée se développent suivant des courbes distinctes et qu'en un certain point ces courbes se rejoignent. Ce fait important est désormais clairement établi et il importe peu de savoir comment les recherches futures pourront régler les détails sur lesquels les psychologues se trouvent encore en désaccord : si cette rencontre intervient à un seul ou à plusieurs moment(s), comme une découverte vraiment soudaine ou à la suite d'une longue période préparatoire consacrée à l'utilisation pratique et à de lentes transformations fonctionnelles, et si elle se produit à l'âge de deux ans ou à l'âge scolaire.

Nous allons maintenant devoir résumer notre analyse du langage intérieur. Nous avons, là encore, considéré plusieurs hypothèses et nous en sommes arrivés à la conclusion que le langage intérieur se développe par une lente accumulation de changements fonctionnels et structurels ; qu'il se détache du langage extérieur de l'enfant en même temps que se différencient les fonctions sociale et égocentrique et enfin que les structures du langage maîtrisées par l'enfant deviennent les structures fondamentales de sa pensée.

Ceci nous amène à un autre fait indiscutable et de toute première importance : le développement de la pensée est déterminé par le langage, c'est-à-dire par les outils langagiers de l'intelligence et par l'expérience socio-culturelle de l'enfant. Le développement du langage intérieur dépend essentiellement de facteurs externes ; le développement de la logique chez l'enfant, comme les travaux de Piaget l'ont montré, est directement fonction de son langage socialisé. Le développement intellectuel de l'enfant dépend donc de sa maîtrise des véhicules sociaux de la pensée, c'est-à-dire du langage.

Nous pouvons maintenant formuler les principales conclusions qu'il est possible de tirer de notre analyse. Si nous comparons le développement précoce du langage et de l'intelligence (qui, comme nous l'avons vu, se développent suivant des courbes séparées chez l'animal et chez le très jeune enfant) avec le développement du langage intérieur et de la pensée verbale, force nous est de conclure que l'étape ultérieure n'est pas une simple continuation de l'étape précoce. *La nature même du développement change.* De biologique, il devient socio-historique. La pensée verbale n'est pas une forme innée, naturelle, de comportement ; elle est déterminée par un processus historico-culturel et elle possède des propriétés et des lois spécifiques qu'on ne saurait trouver dans les formes naturelles de pensée et de langage. Une fois reconnu ce caractère historique de la pensée verbale, nous devons la considérer comme soumise à toutes les lois fondamentales du matérialisme historique et on doit s'attendre à ce qu'à ce niveau le développement du comportement soit essentiellement gouverné par les lois générales du développement historique des sociétés humaines.

Le problème du langage et de la pensée, dès lors, dépasse les limites des sciences naturelles et devient le problème central de la psychologie historique humaine, c'est-à-dire de la psychologie sociale. On doit par conséquent le poser de manière différente. Ce second problème soulevé par l'étude du langage et de la pensée fera l'objet d'une recherche particulière.

*Note*

*Le texte comprend de larges extraits du quatrième chapitre du livre L.S. Vygotsky (1962), *Thought and language,* Cambridge, MIT Press. Traduction : Christophe Papon. Le livre a été écrit en 1934 et publié peu après la mort de Vygotsky sous le titre « Mishlenie i rech' » (Pensée et parole ; en anglais : Thinking and speech, selon Wertsch ; en allemand : Denken und Sprechen).

# 4. La pensée et le mot*

« J'ai oublié le mot que je voulais dire et ma pensée, désincarnée, retourne au royaume des ombres » (extrait d'un poème de O. Mandelstam).

## I

Au commencement de notre étude, nous avons tenté de découvrir les relations entre le langage et la pensée aux stades les plus précoces du développement phylo- et ontogénétique. Nous n'avons pu trouver aucune interdépendance particulière entre les racines génétiques de la pensée et celles du mot. Il est clairement apparu que les relations internes que nous recherchions ne constituaient pas une condition préalable du développement historique de la conscience humaine, mais étaient bien plutôt l'un de ses produits.

Chez les animaux, et même chez les anthropoïdes dont le langage est phonétiquement semblable au langage humain et dont l'intelligence ressemble à celle de l'homme, le langage et la pensée ne se trouvent pas en inter-relation. Un stade pré-verbal de l'intelligence et un stade pré-intellectuel du langage existent sans aucun doute aussi dans le développement de l'enfant. Le mot et la pensée ne sont pas reliés par un lien primaire. Leur liaison trouve son origine, se développe et se renforce dans le cours de l'évolution du langage et de la pensée.

Il serait pourtant erroné de considérer le langage et la pensée comme deux processus indépendants, soit parallèles soit se croisant en certains points et s'influençant réciproquement de manière mécanique. L'absence de tout lien primaire ne signifie pas qu'une liaison entre ces deux processus ne puisse se constituer que mécaniquement. La futilité de la plupart des recherches antérieures était due pour une large part à cette supposition que le mot et la pensée sont des éléments isolés et indépendants et que la pensée verbale est le résultat de leur union externe.

La méthode d'analyse fondée sur cette conception devait nécessairement échouer. Elle tentait d'expliquer les propriétés de la pensée verbale en dissociant celle-ci des éléments qui la composent, le mot et la pensée, alors qu'aucun de ces éléments, pris séparément, ne possède les propriétés de l'ensemble. Cette méthode ne constitue pas une véritable analyse aidant à résoudre des problèmes concrets. Elle conduit bien plutôt à des généralisations. Nous l'avons comparée à l'analyse de l'eau en hydrogène et en oxygène — qui ne peut aboutir qu'à des découvertes applicables à toutes les sortes d'eau existant dans la nature, depuis l'Océan Pacifique jusqu'à une goutte de pluie. De la même manière, l'affirmation que la pensée verbale se décompose en processus intellectuels et en fonctions verbales s'applique à toute pensée verbale et à toutes ses expressions et n'explique aucun des problèmes particuliers auxquels celui qui étudie la pensée verbale se voit confronté.

Nous avons tenté une nouvelle approche du sujet et à l'analyse par éléments nous avons substitué l'analyse par *unités,* chacune des unités conservant sous une forme simple toutes les propriétés de l'ensemble. Nous avons découvert cette unité de la pensée verbale dans *la signification du mot.*

La signification d'un mot représente un amalgame si dense de langage et de pensée qu'il est difficile de déterminer s'il s'agit d'un phénomène langagier ou d'un phénomène intellectuel. Un mot sans signification est un son vide ; la signification constitue donc un critère de « mot », son constituant indispensable. Il semblerait dès lors qu'on puisse la considérer comme un phénomène de langage. Mais, d'un point de vue psychologique, la signification de chaque mot est une généralisation ou un concept et, puisque les généralisations ou les concepts sont sans aucun doute des actes de pensée, nous pouvons considérer la signification comme un phénomène de pensée. De ceci, cependant, on ne doit pas inférer que la signification appartient formellement à deux sphères différentes de la vie psychique. La signification d'un mot n'est un phénomène de langage que dans la mesure où le langage se trouve lié à la pensée et que celle-ci lui donne sens. La signification est un phénomène de pensée verbale ou de langage signifiant : une union du mot et de la pensée.

Nos recherches expérimentales confirment pleinement cette hypothèse fondamentale. Non seulement elles ont démontré que l'utilisation de la signification des mots comme unité d'analyse permet l'étude concrète du développement de la pensée verbale, mais elles ont également abouti à une idée supplémentaire qui, selon nous, constitue le principal résultat de nos travaux et qui découle en droite ligne de notre première hypothèse : cette seconde idée, c'est que les significations des mots se développent. Cette conception pleine d'enseignements doit remplacer le postulat du caractère immuable de la signification des mots.

Du point de vue des vieilles écoles de psychologie, le lien qui unit le mot et la signification est un lien associatif, établi par l'intermédiaire de la perception simultanée répétée d'un certain son et d'un certain objet. Un mot rappelle à l'esprit son contenu comme le pardessus d'un ami nous rappelle cet ami ou comme une maison nous rappelle ses habitants. L'association entre le mot et la signification peut se renforcer ou s'affaiblir, s'enrichir de relations avec d'autres objets d'une même espèce, s'étendre à un domaine plus large ou devenir plus restreinte ; en d'autres termes, elle peut subir des changements quantitatifs et externes, mais elle ne peut pas changer sa nature psychologique. Pour cela, elle devrait cesser d'être une association. De ce point de vue ancien, tout développement de la signification des mots est inexplicable et impossible et cette situation a embarrassé la linguistique aussi bien que la psychologie.

Une fois qu'elle a eu adhéré à la théorie associationniste, la sémantique n'a pas cessé de traiter la signification des mots comme une association entre le son d'un mot et son contenu. Tous les mots, du plus concret au plus abstrait, ont été présentés comme formés d'une manière identique quant à leur signification et comme ne contenant aucun élément spécifique du langage en tant que tel ; un mot nous fait penser à sa signification tout comme n'importe quel objet peut nous rappeler un autre objet. Il est à peine surprenant que, dans ces conditions, la sémantique ne se soit pas même posé la question plus large du développement de la signification des mots. Le développement se trouvait réduit à des changements dans les liaisons associatives entre des mots isolés et des objets isolés : un mot pouvait tout d'abord dénoter un objet, puis devenir associé avec un second objet, tout comme un pardessus après avoir changé de propriétaire pourrait nous rappeler tout d'abord une certaine personne, puis, plus tard, une autre personne. La linguistique n'a pas compris qu'au cours de l'évolution historique du langage, la structure même de la signification comme sa nature psychologique changent. A partir des généralisations primitives, la pensée verbale s'élève aux concepts les plus abstraits. Ce n'est pas simplement le contenu d'un mot qui change, mais aussi la manière dont la réalité se trouve généralisée et reflétée dans ce mot.

La théorie associationniste se révèle également inapte à expliquer le développement de la signification des mots durant l'enfance. Là encore, elle ne peut expliquer que les changements purement externes et quantitatifs ; ceux qui interviennent dans les liens unissant le mot et la signification, leur enrichissement et leur renforcement. En aucun cas elle ne peut par contre expliquer les changements fondamentaux, structurels et psychologiques qui peuvent intervenir et qui interviennent effectivement dans le développement du langage chez l'enfant.

## II

La découverte du caractère évolutif de la signification des mots fait sortir l'étude du langage et de la pensée de son impasse. Les significations des mots sont des formations dynamiques plutôt que statiques ; elles changent à mesure que l'enfant se développe ; elles se transforment aussi selon les divers modes de fonctionnement de la pensée.

Lorsque les significations des mots se transforment sur le plan interne, la relation de la pensée au mot change également. Pour comprendre la dynamique de cette relation, nous devons compléter l'approche génétique de notre étude principale par une analyse fonctionnelle, et il nous faut examiner le rôle que joue la signification des mots dans le processus de pensée.

Considérons le processus de la pensée verbale depuis la première sensation confuse jusqu'à sa formulation. Ce que nous voulons montrer ici, ce n'est pas comment les significations se développent sur de longues durées, mais comment elles fonctionnent dans le processus réel de la pensée verbale. Sur la base d'une telle analyse fonctionnelle, nous pourrons également montrer qu'à chaque étape du développement de la signification des mots correspond un mode spécifique de relation entre le langage et la pensée. Puisqu'un examen de la forme la plus élevée de l'activité considérée permet de résoudre très facilement les problèmes fonctionnels, nous délaisserons pour un moment le problème du développement pour considérer les relations entre le mot et la pensée dans l'esprit parvenu à maturité.

On peut résumer par une formule l'idée maîtresse de la discussion qui va suivre : la relation de la pensée au mot n'est pas une chose statique, mais un processus, un mouvement perpétuel allant et venant de la pensée au mot et du mot à la pensée. Dans ce processus, la relation de la pensée au mot subit des transformations qui, elles-mêmes, peuvent être considérées comme un développement au sens fonctionnel du terme. Les mots ne se contentent pas d'exprimer la pensée ; ils lui donnent naissance. Toute pensée tend à mettre en rapport quelque chose avec quelque chose d'autre, à instaurer des relations entre les choses. Toute pensée évolue, croît, se développe, remplit une fonction, résoud un problème. Ce flôt de la pensée se manifeste sous la forme d'un mouvement interne traversant une série de niveaux. Pour analyser l'interaction du mot et de la pensée, il faut commencer par rechercher les stades et les niveaux différents qu'une pensée traverse avant de s'incarner en mots.

La première chose que révèle une telle recherche, c'est la nécessité d'établir une distinction entre deux niveaux de langage. L'aspect intérieur, signifiant, sémantique, du langage et son aspect extérieur, phonétique, bien que formant une véritable unité, possèdent tous deux leurs propres lois de mouvement. L'unité du langage est par nature complexe et non homogène. Un certain nombre de faits dans le développement langagier de l'enfant indiquent l'existence de mouvements indépendants dans la sphère phonétique et dans la sphère sémantique. Nous ferons ressortir deux de ces faits les plus importants.

Dans sa marche en avant vers la maîtrise du langage extérieur, l'enfant part d'un mot puis il relie deux ou trois mots ; un peu plus tard, il passe des phrases simples aux phrases plus complexes pour aboutir à un langage cohérent composé d'une suite de telles phrases. En d'autres termes, l'enfant procède de la partie jusqu'au tout. En ce qui concerne la signification, d'autre part, le premier mot de l'enfant représente une phrase complète ; l'enfant part d'un tout, d'un ensemble signifiant, et ce n'est que plus tard qu'il commence à maîtriser des unités sémantiques distinctes, les significations des mots, et à diviser sa pensée jusque là indifférenciée en unités de ce type. L'aspect extérieur et l'aspect intérieur (sémantique) du langage se développent dans des directions opposées - le premier du particulier au tout, du mot à la phrase ; et le second du tout au particulier, de la phrase au mot.

Ceci en soi-même suffit à montrer combien il est important de bien distinguer entre l'aspect vocal et l'aspect sémantique du langage. Puisqu'ils évoluent dans des directions opposées, leur développement ne coïncide pas, ce qui ne veut pas dire qu'ils soient indépendants l'un de l'autre. Au contraire, leur différence constitue la première phase d'un processus d'union étroite. En fait, notre exemple révèle leur interrelation interne aussi clairement qu'il montre leur caractère distinct. La pensée d'un enfant, précisément parce qu'elle naît sous l'aspect d'un ensemble confus et informe, doit trouver à s'exprimer en un seul mot. Lorsque sa pensée devient plus différenciée, l'enfant ne peut plus l'exprimer en mots isolés ; il construit alors un ensemble composite. Réciproquement, les progrès du langage vers cet ensemble différencié qu'est une phrase aident les pensées de l'enfant à progresser depuis un tout homogène jusqu'à des parties nettement définies. Le mot et la pensée ne sont pas taillés sur le même modèle. Dans un sens on trouve, entre eux, plus de différences que de ressemblances. La structure du langage n'est pas simplement le reflet inversé (en miroir) de la structure de la pensée ; c'est pourquoi la pensée ne peut pas endosser les mots comme un vêtement prêt-à-porter. La pensée subit de nombreux changements lorsqu'elle se transforme en langage. Elle ne trouve pas simplement dans le langage une expression ; elle y trouve sa forme et sa réalité. Les processus de développement sémantique et phonétique ne font essentiellement qu'un, du fait précisément de leurs orientations opposées.

Le second fait, tout aussi important, se produit à une époque plus tardive du développement. Piaget a démontré que l'enfant utilise des propositions subordonnées introduites par *parce que, bien que,* etc. bien avant de comprendre les structures de signification qui correspondent à ces formes syntaxiques. La grammaire précède la logique. Là aussi, comme dans l'exemple précédent, la divergence n'exclut pas l'union ; elle est, au contraire, nécessaire à l'union.

Chez les adultes, la divergence entre l'aspect sémantique et l'aspect phonétique du langage est même plus frappante encore. La linguistique moderne d'inspiration psychologique est accoutumée à ce problème, en particulier en ce qui concerne les sujet et prédicat grammaticaux et psychologiques. Ainsi, dans la phrase « l'horloge est tombée », l'accentuation et la signification peuvent varier selon les situations. Supposons que je remarque que l'horloge s'est arrêtée et que je demande comment cela se fait. La réponse est : « l'horloge est tombée ». Le sujet grammatical et le sujet psychologique coïncident : « l'horloge » est l'idée première dans ma conscience ; « est tombée », c'est ce que l'on dit à propos de l'horloge. Mais si j'entends un fracas dans la pièce d'à-côté, si je m'inquiète de ce qui s'est passé et que j'obtiens la même réponse, le sujet et le prédicat son inversés sur le plan psychologique. Je savais que quelque chose était tombé — c'est ce dont nous parlons (c'est le sujet psychologique). « L'horloge » complète l'idée (c'est le prédicat psychologique). On pourrait transformer la phrase en « ce qui est tombée, c'est l'horloge » ; dans ce cas, sujet psychologique et sujet grammatical coïncideraient à nouveau. Dans le prologue de sa pièce « Le duc Ernst von Schwaben », Uhland dit « des scènes lugubres vont se dérouler sous vos yeux ». Sur le plan psychologique, le sujet, est « vont se dérouler » : le spectateur sait qu'il va assister au déroulement de certains événements ; l'idée supplémentaire, le prédicat, est « scènes lugubres ». Uhland voulait dire : « ce qui va se dérouler devant vous, c'est une tragédie ». N'importe quelle partie d'une phrase peut devenir le prédicat psychologique, le support de l'accentuation à un moment donné ; d'autre part, des significations absolument différentes peuvent se cacher sous une même structure grammaticale. La concordance entre l'organisation syntaxique et l'organisation psychologique n'est pas aussi fréquente que nous avons tendance à le supposer — c'est même plutôt une exigence qui n'est que rarement satisfaite. Sujet et prédicat ne sont pas les seuls à avoir leurs doubles psychologiques ; en grammaire, le genre, le nombre, le cas, le temps, le degré, etc. en ont aussi. Un énoncé spontané, incorrect du point de vue grammatical, peut avoir un certain charme et une certaine valeur esthétique. La correction absolue n'est atteinte qu'au delà du langage naturel, en mathématiques. Notre langage quotidien ne cesse de fluctuer entre les idéaux d'harmonie des mathématiques et ceux de l'imagination.

## III

Nous devons creuser plus profondément encore et explorer le niveau de langage intérieur qui se situe au-delà du plan sémantique. Nous allons discuter ici quelques-uns des résultats de la recherche particulière que nous avons menée à ce sujet. On ne peut comprendre dans toute sa complexité la relation du mot à la pensée que si l'on comprend clairement la nature psychologique du langage intérieur. Pourtant, de tous les problèmes liés au langage et à la pensée, celui-ci est peut-être le plus complexe, environné qu'il est de malentendus terminologiques et autres.

On a appliqué le terme de *langage intérieur,* ou *endophasie,* à des phénomènes divers. A l'origine, le langage intérieur semble avoir été confondu avec la mémoire verbale. Un exemple en serait la récitation silencieuse d'un poème connu par cœur. Dans ce cas, le langage intérieur ne diffère du langage vocal que comme l'idée ou l'image d'un objet diffère de l'objet réel. C'est dans ce sens que le langage intérieur a été entendu par les auteurs français qui ont tenté de découvrir comment les mots étaient reproduits dans la mémoire : en images auditives, visuelles, motrices ou synthétiques ? Nous verrons que la mémoire verbale, si elle est effectivement l'un des éléments constitutifs du langage intérieur, n'en constitue pas la totalité.

Dans une seconde interprétation, le langage intérieur est conçu comme un langage extérieur tronqué — comme un « langage moins le son » (Mueller) ou un « langage sub-vocal » (Watson). Bekhterev l'a défini comme un réflexe de locution inhibé dans sa constituante motrice. Une telle explication n'est en aucun cas suffisante. Une « prononciation » silencieuse des mots ne rend pas compte du processus complet du langage intérieur.

La troisième définition est, au contraire, trop large. Pour Goldstein (1927, 1932), le terme recouvre tout ce qui précède l'acte-moteur de la parole, y compris les « motivations au langage » de Wundt et l'expérience indéfinissable, non-sensorielle et non-motrice, propre au langage, c'est-à-dire tout l'aspect intérieur de n'importe quelle activité langagière. Il est difficile d'accepter de considérer le langage intérieur comme une expérience vécue intérieure inarticulée dans laquelle les plans structurels distincts se retrouvent dissous et ne laissent aucune trace. Cette expérience centrale est commune à toute activité langagière et, pour cette seule raison, l'interprétation de Goldstein ne convient pas à cette fonction particulière et unique qui seule mérite le nom de langage intérieur. Logiquement développé, la conception de Goldstein doit conduire à la thèse que le langage intérieur n'est pas du tout un langage, mais plutôt une activité intellectuelle et affectivo-volitive, puisqu'il inclut les motivations au langage ainsi que la pensée telle qu'elle s'exprime en mots.

Pour obtenir du langage intérieur une représentation conforme à la vérité, il faut partir de l'hypothèse qu'il s'agit d'une formation particulière, dotée de lois propres et de relations complexes avec les autres formes d'activité langagière. Avant de pouvoir étudier sa relation à la pensée d'une part et au langage vocal d'autre part, nous devons déterminer ses caractéristiques et sa fonction particulières.

Le langage intérieur est un langage pour soi-même ; le langage extérieur, un langage pour autrui. Il serait dès lors surprenant qu'une différence fonctionnelle aussi fondamentale n'eût aucun effet sur la structure des deux types de langage. L'absence de vocalisation n'est, en elle-même, qu'une conséquence de la nature particulière du langage intérieur, qui n'est ni un antécédent du langage extérieur ni sa reproduction dans la mémoire, mais qui est, dans un sens, l'opposé du langage extérieur. Ce dernier est la transformation de la pensée en mots, la matérialisation et l'objectivation de la pensée. Avec le langage intérieur, le processus se trouve inversé : le langage vocal se transforme en pensée intérieure. Par conséquent, la structure de ces deux langages ne peut être que différente.

Le domaine du langage intérieur est l'un des plus difficiles à explorer. Il est resté presqu'inaccessible à l'expérimentation jusqu'à ce que l'on ait découvert certains procédés permettant de lui appliquer la méthode génétique. Piaget a été le premier à prêter attention au langage égocentrique de l'enfant et à en voir l'importance sur le plan théorique ; mais il est resté aveugle au caractère le plus notable du langage égocentrique (son lien génétique avec le langage intérieur), ce qui faussa la manière dont il interpréta sa fonction et sa structure. Nous avons fait de ce lien le problème central de notre recherche, et nous avons pu ainsi étudier d'une façon inhabituellement complète la nature du langage intérieur. Un certain nombre d'observations et de considérations nous ont amenés à la conclusion que le langage égocentrique est une étape du développement qui précède le langage intérieur : tous deux remplissent des fonctions intellectuelles ; leurs structures sont semblables ; le langage égocentrique disparaît à l'âge scolaire au moment où le langage intérieur commence à se développer. De tout ceci, nous inférons que l'un se transforme en l'autre.

Si cette transformation se produit effectivement, alors, le langage égocentrique nous fournit la clé de l'étude du langage intérieur. Cette approche du langage intérieur par le biais du langage égocentrique présente l'avantage de rendre le premier accessible à l'expérimentation et à l'observation. Le langage égocentrique est toujours un langage vocalisé, audible, c'est-à-dire extérieur dans son mode d'expression, mais en même temps, intérieur quant à sa fonction et quant à sa structure. Pour étudier un processus intérieur, il est nécessaire de l'« extérioriser » expérimentalement, en l'associant à une activité extérieure ; ce n'est qu'à partir de ce moment-là qu'une analyse fonctionnelle objective devient possible. Le langage égocentrique constitue, en réalité, une expérience naturelle de ce type.

Cette méthode présente un second avantage notable : puisqu'on peut étudier le langage égocentrique au moment où certaines de ses caractéristiques sont en déclin et où de nouvelles sont en cours de formation, nous sommes à même de juger quels caractères sont essentiels au langage intérieur et quels autres ne sont que temporaires, et de déterminer ainsi la finalité de ce déplacement du langage égocentrique vers le langage intérieur — c'est-à-dire la nature du langage intérieur.

Avant de poursuivre et d'exposer les résultats obtenus par cette méthode, nous allons brièvement discuter de la nature du langage égocentrique, en insistant sur les différences entre notre conception et celle de Piaget. Celui-ci soutient que le langage égocentrique de l'enfant est une expression directe de l'égocentrisme de sa pensée qui, elle-même, est un compromis entre l'autisme primitif de son intelligence et sa socialisation progressive. A mesure que l'enfant grandit, l'autisme décline et la socialisation progresse entraînant la diminution de l'égocentrisme dans la pensée comme dans le langage de l'enfant.

Dans la conception piagétienne, l'enfant, par son langage égocentrique, ne s'adapte pas à la pensée des adultes. Sa pensée demeure entièrement égocentrique ; ce qui rend ses propos incompréhensibles pour autrui. Le langage égocentrique ne joue aucun rôle dans la pensée et dans l'activité de l'enfant — il ne fait que les accompagner. Et, puisqu'il est l'expression d'une pensée égocentrique, il disparaît en même temps que l'égocentrisme de l'enfant. A son apogée au début du développement de l'enfant, le langage égocentrique tombe à zéro au seuil de l'âge scolaire. Son histoire est celle d'une involution plutôt que celle d'une évolution. Il n'a aucun avenir.

Dans notre conception, le langage égocentrique est une manifestation du passage d'un fonctionnement interpsychique à un fonctionnement intrapsychique, c'est-à-dire le passage de l'enfant d'une activité sociale et collective à une activité plus individualisée (et ce modèle de développement est commun à toutes les fonctions psychologiques supérieures). Le langage pour soi-même naît par différenciation d'avec le langage pour autrui. Puisque le cours du développement de l'enfant consiste essentiellement en une individualisation progressive, cette tendance se reflète dans la fonction et dans la structure du langage enfantin.

Les résultats de nos expériences montrent que la fonction du langage égocentrique est la même que celle du langage intérieur : il ne se contente pas simplement d'accompagner l'activité de l'enfant ; il sert à orienter l'intelligence et il permet une compréhension consciente ; il aide à surmonter les difficultés ; c'est un langage pour soi-même, intimement et utilement lié à la pensée de l'enfant. Son destin est très différent de celui qu'a décrit Piaget. Le langage égocentrique se développe suivant une courbe croissante et non pas décroissante ; il connaît une évolution, pas une involution. Au terme de celle-ci, il devient langage intérieur.

Notre conception présente plusieurs avantages par rapport à celle de Piaget : elle rend compte de la fonction et du développement du langage égocentrique et, en particulier, de son augmentation soudaine lorsque l'enfant se voit confronté à certaines difficultés qui réclament conscience et réflexion — un fait révélé par nos expériences et que la théorie piagétienne ne permet pas d'expliquer. Mais le principal avantage de notre théorie, c'est qu'elle fournit une solution satisfaisante à une situation paradoxale décrite par Piaget lui-même. Pour Piaget, la chute quantitative du langage égocentrique qui se produit à mesure que l'enfant grandit indique le dépérissement de cette forme de langage. S'il en était ainsi on pourrait s'attendre à ce que les particularités structurelles de ce langage déclinent tout autant ; il est difficile de croire que le processus de dépérissement n'affecterait que la quantité et non pas la structure toute entière du langage égocentrique. La pensée de l'enfant devient infiniment moins égocentrique entre trois et sept ans. Si les caractéristiques du langage égocentrique qui rendent celui-ci incompréhensible pour autrui s'enracinaient réellement dans l'égocentrisme, elles devraient s'atténuer à partir du moment où cette forme de langage devient moins fréquente ; le langage égocentrique devrait se rapprocher du langage socialisé et devenir de plus en plus intelligible. Or, qu'en est-il dans la réalité ? Les propos d'un enfant de trois ans sont-ils plus difficiles à suivre que ceux d'un enfant de sept ans ? Notre recherche a établi que les caractères du langage égocentrique qui rendent celui-ci impénétrable sont à leur niveau le plus bas à trois ans et à leur sommet à sept ans. Ils se développent donc en sens inverse de la fréquence du langage égocentrique. Alors que ce dernier continue de décroître jusqu'à atteindre son niveau zéro à l'âge scolaire, ses caractéristiques structurelles deviennent de plus en plus prononcées.

Voilà qui jette une lumière nouvelle sur la chute quantitative du langage égocentrique qui constitue la pierre angulaire de la conception piagétienne.

Que signifie cette diminution ? Les particularités structurelles du langage pour soi-même et sa différenciation avec le langage extérieur augmentent avec l'âge. Qu'est-ce donc qui diminue ? Un seul des aspects du langage égocentrique : sa vocalisation. Cela veut-il dire que le langage égocentrique dans son ensemble soit en train de disparaître complètement ? Nous pensons que non, car, alors, comment pourrait-on expliquer la croissance des caractères fonctionnels et structurels du langage égocentrique ? D'autre part, leur croissance est parfaitement compatible avec la diminution de la vocalisation — elle en clarifie en effet la signification. La diminution de la vocalisation et la croissance tout aussi rapide des autres caractéristiques du langage égocentrique ne sont contradictoires qu'en apparence.

Pour expliquer ceci, partons d'un fait incontestable, établi expérimentalement. Les propriétés structurelles et fonctionnelles du langage égocentrique deviennent plus nettes à mesure que l'enfant se développe. A trois ans, la différence entre le langage égocentrique et le langage social est égale à zéro ; à sept ans, nous avons un langage qui, par sa structure comme par sa fonction, est totalement dissemblable du langage social. Une différenciation des deux fonctions du langage s'est produit. C'est un fait — et les faits ont la réputation d'être têtus.

Ce point une fois admis, tout le reste trouve sa place. Si le développement des particularités fonctionnelles et structurelles du langage égocentrique isole progressivement celui-ci du langage extérieur, alors l'aspect vocal du langage égocentrique doit s'effacer ; et c'est précisément ce qui se produit entre trois et sept ans. Avec l'isolement progressif du langage pour soi-même, la vocalisation de ce langage devient dénuée de toute nécessité et de toute signification ; elle devient même impossible du fait des particularités structurelles croissantes du langage égocentrique. Le langage pour soi-même ne peut pas trouver à s'exprimer dans le langage extérieur. Plus le langage égocentrique devient autonome et indépendant et moins il se manifeste extérieurement. Pour finir, il se sépare entièrement du langage pour autrui, cesse d'être vocalisé et semble donc s'éteindre.

Mais ce n'est là qu'une illusion. Interpréter la chute du coefficient de langage égocentrique comme un signe d'extinction de ce type de langage, c'est comme dire que l'enfant arrête de compter dès lors qu'il cesse de se servir de ses doigts et qu'il commence à additionner de tête. En réalité, derrière les signes de dissolution se cache un développement progressif, et la naissance d'une nouvelle forme de langage.

Si la vocalisation du langage égocentrique diminue, c'est parce que celui-ci se détache de plus en plus du son. Cette diminution est le signe de la nouvelle faculté qu'acquiert l'enfant de « penser en mots » au lieu de les prononcer. Telle est la signification positive de la baisse du coefficient de langage égocentrique. La courbe décroissante marque une évolution vers le langage intérieur.

Nous pouvons constater que tout ce que nous savons des caractéristiques fonctionnelles, structurelles et génétiques du langage égocentrique converge vers un seul point : ce langage évolue en direction du langage intérieur. On ne peut comprendre l'histoire du développement du langage égocentrique que comme un épanouissement progressif des caractères du langage intérieur.

L'étude du langage égocentrique a préparé le terrain à la compréhension du langage intérieur que nous allons maintenant examiner.

## V[1]

La rapidité du langage oral ne permet pas un processus complexe de formulation — elle ne laisse pas de temps à la délibération et au choix. Le dialogue implique une énonciation immédiate et spontanée. Il se compose de réponses, de répliques ; c'est une suite de réactions. Le monologue, par comparaison, est une formation complexe : on peut veiller tranquillement et consciemment à l'élaboration du langage.

Dans le langage écrit, la communication, en l'absence des supports du contexte et des expressions, ne peut être obtenue que par l'intermédiaire des mots et de leurs combinaisons ; pour cela, l'activité langagière doit nécessairement adopter des formes complexes — d'où l'usage de brouillons. L'évolution du texte depuis le brouillon jusqu'à la version définitive reflète notre processus intellectuel. L'organisation prévisionnelle joue un rôle important dans le langage écrit, même lorsque nous ne rédigeons pas véritablement de brouillon. Habituellement, nous nous disons ce que nous allons écrire ; ce qui est aussi un brouillon, bien qu'il n'existe qu'à l'état de pensée. Ce brouillon intellectuel est le langage intérieur. Puisque le langage intérieur fonctionne comme un brouillon, non seulement dans le langage écrit mais aussi dans le langage oral, nous allons maintenant comparer ces deux formes de langage avec le langage intérieur sur le plan de la tendance à l'abréviation (NdT : L'usage vygotskyen de ce terme ne correpond à aucun de ceux adoptés par la linguistique contemporaine : Vygotsky désigne par là la tendance à réduire une proposition à son seul prédicat ; cf. infra).

Cette tendance, que l'on ne retrouve jamais dans le langage écrit et seulement parfois dans le langage oral, se présente constamment dans le langage intérieur. La prédication est la forme naturelle du langage intérieur ; psychologiquement, celui-ci ne comporte que des prédicats. C'est une loi du langage intérieur que d'omettre les sujets tout comme c'est une loi du langage écrit que de contenir à la fois les sujets et les prédicats.

Ce fait établi expérimentalement s'explique par la présence invariable et inévitable dans le langage intérieur de facteurs facilitant la prédication pure : nous savons à quoi nous sommes en train de penser — c'est-à-dire que nous connaissons toujours le sujet et la situation. Au cours d'une conversation, le contact psychologique entre interlocuteurs peut instaurer une perception mutuelle permettant la compréhension d'un langage abrégé. Dans le langage intérieur, la perception « mutuelle » est toujours présente, sous une forme absolue ; une « communication pratiquement sans mots », même des pensées les plus complexes, y est donc de règle.

La prédominance de la prédication est un produit du développement. Au commencement, le langage égocentrique est identique en structure au langage social, mais, au cours du processus de sa transformation en langage intérieur, il devient progressivement moins complet et moins cohérent à mesure qu'une syntaxe presque entièrement prédicative vient à le gouverner. Les expériences montrent clairement comment et pourquoi cette nouvelle syntaxe prend le dessus. L'enfant parle de ce qu'il voit, de ce qu'il entend ou de ce qu'il fait à un moment donné. Il a donc tendance à omettre le sujet ainsi que tous les mots liés au sujet, en condensant de plus en plus son langage jusqu'à ne plus y conserver que les prédicats. Plus la fonction spécifique du langage égocentrique devient différenciée, et plus ses particularités syntaxiques (simplification et prédication) deviennent prononcées ; parallèlement à ce changement, la vocalisation poursuit sa décroissance. Le langage intérieur est un langage presque sans mots.

Une fois la syntaxe et la sonorité réduites au minimum, la signification se trouve plus que jamais au premier plan. Le langage intérieur travaille avec la sémantique, pas avec la phonétique. La structure sémantique particulière du langage intérieur contribue aussi à l'abréviation. La syntaxe des significations dans le langage intérieur n'est pas moins originale que la syntaxe grammaticale. Nos recherches ont révélé trois particularités sémantiques essentielles du langage intérieur.

La première de ces particularités est fondamentale. Il s'agit de la prépondérance du *sens* d'un mot sur sa *signification* — une distinction que nous devons à Paulhan. Selon ce dernier, le sens d'un mot, c'est la somme de tous les événements psychologiques que ce mot ravive dans notre conscience. C'est un tout dynamique, fluide et complexe qui possède plusieurs zones de stabilité inégale. La signification n'est qu'une de ces zones de sens, la zone la plus stable et la plus précise. Un mot tire son sens du contexte dans lequel il apparaît ; dans des contextes différents, il change de sens. La signification reste stable à travers tous les changements de sens. La signification d'un mot que donne le dictionnaire n'est rien de plus qu'une pierre dans l'édifice du sens, rien de plus qu'une potentialité qui, dans le langage, trouve des actualisations diverses.

Les derniers mots de la fable de La Fontaine « La cigale et la fourmi » illustrent bien cette différence entre le sens et la signification. Les mots « eh bien, dansez maintenant ! » ont une signification précise et constante, mais, dans le contexte de la fable, ils acquièrent un sens intellectuel et affectif beaucoup plus large. Ils signifient en même temps « amuse-toi » et « crève ». Cet enrichissement des mots par le sens qu'ils tirent du contexte est la loi fondamentale de la dynamique des significations des mots. Un mot dans un certain contexte signifie à la fois plus et moins que le même mot considéré isolément : plus parce qu'il acquiert un contenu nouveau ; moins parce que sa signification est limitée et restreinte par le contexte. Le sens d'un mot, dit Paulhan, est un phénomène complexe et mobile ; il se transforme au gré de la conscience et des situations ; il est quasiment sans limites. Un mot tire son sens de la phrase qui, à son tour, tire le sien du paragraphe, le paragraphe du livre et le livre de toutes les œuvres de l'auteur.

Paulhan a rendu un service supplémentaire à la psychologie en analysant la relation qui existe entre le mot et le sens et en montrant qu'ils sont beaucoup plus indépendants l'un de l'autre que ne le sont le mot et la signification. On sait depuis longtemps que les mots peuvent changer de sens. On a récemment fait ressortir le fait que le sens peut changer de mot, ou, mieux, que les idées changent souvent de nom. Tout comme le sens d'un mot se trouve lié à l'ensemble du mot, et pas seulement à ses sons, le sens d'une phrase se trouve lié à l'ensemble de la phrase et non pas aux mots qui la composent, pris individuellement. On peut donc parfois remplacer un mot par un autre sans aucun changement de sens. Les mots et le sens sont relativement indépendants l'un par rapport à l'autre.

Dans le langage intérieur, la prédominance du sens sur la signification, de la phrase sur le mot et du contexte sur la phrase constitue la règle.

Ceci nous amène aux autres particularités sémantiques du langage intérieur. Toutes deux concernent la combinaison des mots. L'une ressemble assez à une agglutination — une manière de combiner les mots assez fréquente dans certaines langues et, comparativement, rare dans d'autres. L'allemand forme souvent un seul nom à partir de plusieurs mots ou locutions. Dans certaines langues primitives, une telle agglutination de mots constitue une loi générale. Lorsque plusieurs mots sont confondus en un seul, ce nouveau mot n'exprime pas seulement une idée relativement complexe, mais désigne tous les éléments distincts contenus dans cette idée. Parce que l'accent se voit toujours mis sur la racine ou sur l'idée principales, de telles langues sont faciles à comprendre. Le langage égocentrique de l'enfant fait apparaître des phénomènes analogues. Quand le langage égocentrique approche du langage intérieur, l'enfant utilise de plus en plus l'agglutination comme mode de formation de mots composés, destinés à exprimer des idées complexes.

La troisième particularité sémantique du langage intérieur, c'est la manière dont les sens des mots s'y combinent et s'y unissent ; ce processus est gouverné par des lois différentes de celles qui régissent les combinaisons de significations. Quand nous avons observé cette manière singulière de réunir les mots dans le langage égocentrique, nous l'avons appelée « le flux de sens ». Les sens des mots différents se jettent les uns dans les autres — littéralement « s'in-fluencent » les uns les autres — de telle sorte que les premiers se trouvent inclus dans les suivants et les modifient. Ainsi, un mot qui ne cesse de réapparaître fréquemment dans un livre ou dans un poème absorbe parfois dans toute sa diversité le sens de cet ouvrage et devient, d'une certaine façon, équivalent à l'œuvre elle-même. Le titre d'une œuvre littéraire en exprime le contenu et en complète le sens à un degré beaucoup plus important que ne le font le titre d'un tableau ou celui d'un morceau de musique. Des titres tels que « Don Quichotte », « Hamlet » et « Anna Karénine » illustrent très clairement ce point ; tout le sens d'une œuvre est contenu dans un seul nom. « Les Ames mortes » de Gogol en est un autre excellent exemple. A l'origine, le titre faisait référence à des serfs décédés dont les noms n'avaient pas encore été rayés des listes officielles et que l'on pouvait encore vendre et acheter comme s'ils étaient toujours en vie. C'est dans ce sens que l'expression est utilisée tout au long du livre, qui est construit autoûr de ce trafic de morts. Mais, du fait de leur relation intime avec l'œuvre toute entière, ces deux mots prennent une résonance nouvelle, un sens infiniment plus large. Lorsque nous parvenons à la fin du livre, « âmes mortes » signifie pour nous, non pas tant des serfs décédés, que tous les personnages de l'histoire, physiquement vivants mais spirituellement morts.

Dans le langage intérieur, ce phénomène atteint son sommet. Un seul mot y est tellement saturé de sens qu'il faudrait de nombreux mots pour l'expliciter dans le langage externe. Il n'y a rien d'étonnant à ce que le langage égocentrique soit incompréhensible pour autrui. Watson dit que le langage intérieur resterait incompréhensible, même s'il pouvait être enregistré. Son opacité se trouve encore accrue par un phénomène corrélatif que Tolstoï, incidemment, a noté dans le langage externe ; dans « Enfance, adolescence et jeunesse » il décrit comment, entre personnes psychologiquement très proches, les mots prennent des significations originales seulement comprises des initiés. Dans le langage intérieur, se développe le même genre d'idiome qui est un genre difficile à traduire dans la langue du langage externe.

Nous arrêterons ici cet exposé des particularités du langage intérieur telles que nous les avons observées pour la première fois au cours de notre recherche sur le langage égocentrique. En cherchant des points de comparaison dans le langage extérieur nous avons découvert que celui-ci contient déjà, au moins potentiellement, les caractères spécifiques du langage intérieur ; la prédication, la chute de la vocalisation, la prépondérance du sens sur la signification, l'agglutination, etc. apparaissent aussi, sous certaines conditions, dans le langage extérieur. Nous pensons avoir trouvé la meilleure confirmation de notre hypothèse que le langage intérieur naît de la différenciation du langage égocentrique d'avec le langage social primitif de l'enfant.

Toutes nos observations montrent que le langage intérieur est une fonction particulière, autonome du langage. Nous pouvons le considérer comme un niveau particulier de la pensée verbale. Il est évident que le passage du langage intérieur au langage extérieur ne représente pas une simple traduction de l'un dans l'autre. Ce passage ne peut pas être accompli par la simple vocalisation du langage silencieux. C'est un processus complexe et dynamique, impliquant la transformation de la structure prédicative et idiomatique du langage intérieur en un langage intelligible pour autrui, articulé selon les règles de la syntaxe.

## VI

Nous pouvons maintenant revenir à la définition du langage intérieur que nous avons proposée avant de présenter notre analyse. Le langage intérieur n'est pas le versant intérieur du langage extérieur — il constitue à lui seul une fonction. Il demeure toujours un langage, c'est-à-dire une pensée liée à des mots, mais, alors que dans le langage extérieur, la pensée se concrétise en mots, dans le langage intérieur, les mots meurent en accouchant de la pensée. Le langage intérieur, c'est, dans une large mesure, l'acte de pensée qui s'exerce sur et au moyen des seules significations sous leur forme la plus pure. C'est une chose dynamique, changeante, instable, papillonnant entre mot et pensée, ces deux composants plus stables et plus nettement définis de la pensée verbale. On ne peut comprendre la nature et l'importance véritables du langage intérieur qu'après avoir fait un pas de plus vers l'intérieur. Et ce pas nous conduit au plan suivant, celui de la pensée elle-même.

Ainsi que nous l'avons dit, toute pensée crée un lien, remplit une fonction, résoud un problème. Le flôt de pensée ne s'accompagne pas d'un déploiement simultané de langage. Ceci devient tout particulièrement évident lorsqu'un processus de pensée échoue — quand, pour le dire comme Dostoïewski, une pensée « n'entre pas dans les mots ». La pensée possède sa structure propre, et le passage de cette structure au langage ne s'effectue pas aisément. Le théâtre a été confronté avant la psychologie à ce problème de la pensée qui se tient derrière les mots. Lorsqu'il enseignait son système d'art dramatique, Stanislavski exigeait des acteurs qu'ils découvrissent, dans une œuvre, le « sous-texte » de leurs rôles. Dans la comédie de Griboedov, « Du malheur d'avoir de l'esprit », le héros, Chatsky, dit à l'héroïne qui soutient qu'elle n'a jamais cessé de penser à lui : « Trois fois béni est celui qui croit. Croire réchauffe le cœur ». Stanislavski a interprété ces phrases dans le sens : « Cessons cette discussion » ; mais on aurait tout aussi bien pu l'interpréter comme « je ne vous crois pas. Vous dites cela pour me réconforter » ; ou comme « ne voyez-vous pas comme vous me tourmentez ? J'aurais aimé pouvoir vous croire : voilà qui ferait mon bonheur ». Chacune des phrases que nous prononçons dans notre vie quotidienne a ainsi une sorte de « sous-texte », une pensée cachée. Dans les exemples que nous avons donnés de non-coïncidence entre le sujet (et le prédicat) grammatical et psychologique, nous n'avons pas poussé jusqu'au bout notre analyse. De même qu'une seule et même phrase peut exprimer des pensées différentes, des phrases différentes peuvent exprimer une même pensée. Ainsi, « l'horloge est tombée » en réponse à la question « pourquoi l'horloge est arrêtée ? » pourrait vouloir dire « ce n'est pas ma faute si l'horloge ne fonctionne plus, elle est tombée ». La même pensée, cette auto-justification, pourrait prendre la forme d'un « je n'ai pas l'habitude de toucher aux affaires des autres. Je lui ai juste donné un coup de chiffon », ou un certain nombre d'autres formes.

La pensée, à la différence du langage, ne se compose pas d'unités distinctes. Quand je souhaite communiquer cette pensée : aujourd'hui, j'ai vu un garçon en chemise bleue descendre la rue en courant pieds-nus, je ne vois pas chaque détail séparément : le garçon, la chemise et sa couleur bleur, la course, l'absence de chaussures. Je conçois l'ensemble en une seule pensée, mais je l'exprime en mots distincts. Un locuteur met ainsi souvent plusieurs minutes à exprimer une seule pensée. Il a toute la pensée présente immédiatement à l'esprit, mais, dans sa bouche, cette pensée doit être développée progressivement. On peut comparer une pensée à un nuage déversant une pluie de mots. Du fait même que la pensée n'a pas sa contre-partie systématique en mots, le passage de la pensée aux mots doit s'effectuer par le biais de la signification. Dans les mots que nous prononçons, se tient toujours une pensée cachée, le sous-texte. Parce qu'il est impossible de passer directement de la pensée au mot, on s'est toujours plaint du caractère inexprimable de la pensée :

« Comment le cœur devra-t-il s'exprimer ?
Comment un autre cœur devra-t-il le comprendre ? »
(F. Tjutchev)

Toute communication directe entre les esprits est impossible, non seulement sur le plan physique mais aussi sur le plan psychologique. Celle-ci ne peut être réalisée que de manière détournée. La pensée doit tout d'abord passer par les significations, puis par les mots.

Nous en venons maintenant au dernier stade de notre analyse de la pensée verbale. La pensée elle-même naît de la motivation, c'est-à-dire de nos désirs et de nos besoins, de nos intérêts et de nos émotions. Derrière chaque pensée se trouve une tendance affectivo-volitive qui recèle la réponse au dernier « pourquoi » de l'analyse de la pensée. Comprendre véritablement et complètement la pensée d'autrui ne devient possible qu'à partir du moment où nous comprenons le fondement affectivo-volitif de cette pensée. Nous illustrerons ce point par un exemple dont nous nous sommes déjà servi : l'interprétation des rôles d'une pièce de théâtre. Dans ses indications aux acteurs, Stanislavski dressait une liste des intentions sous-tendant les mots prononcés par les personnages :

| Texte de la pièce | Intentions parallèles |
| --- | --- |
| Sophie : | |
| Oh, Chatsky, je suis heureuse que vous soyez venu. | Essaye de masquer sa confusion. |
| Chatsky : | |
| Vous êtes heureuse, voilà qui est gentil ! Mais on n'avoue pas aisément une satisfaction telle que la vôtre. Il me semble plutôt, pour tout dire, qu'en faisant attraper un rhûme à un certain cheval et à son cavalier, je me suis fait plaisir à moi-même et à personne d'autre. | Tente de lui donner un sentiment de culpabilité en la taquinant. N'avez-vous pas honte de vous ? Il essaye de la pousser à la franchise. |
| Lisa : | |
| Monsieur, si vous aviez été ici, sur ce même palier, il y a 5 minutes à peine, vous auriez entendu votre nom aussi distinctement que possible. Parlez, mademoiselle ! Dites-lui que c'est la vérité ! | Essaie de calmer Chatsky. Tente d'aider Sophie dans cette situation difficile. |
| Sophie : | |
| Et il en est toujours ainsi, ni plus ni moins. Non, quant à cela, vous n'avez aucun reproche à me faire. | Tente de rassurer Chatsky. Je n'ai rien à me reprocher. |

Chatsky :
Bien, admettons ! Trois fois béni est celui qui croit. Croire réchauffe le cœur.

Arrêtons la discussion.

Pour comprendre ce que dit quelqu'un d'autre, comprendre les mots qu'il prononce n'est pas suffisant — il nous faut comprendre sa pensée. Mais, même cela ne suffit pas — il nous faut également connaître ses motivations. Aucune analyse psychologique d'un énoncé n'est compléte avant d'avoir atteint ce niveau.

Nous voici parvenus à la fin de notre étude ; passons-en en revue les résultats. La pensée verbale nous est apparue comme une entité complexe et dynamique, au sein de laquelle la relation entre le mot et la pensée a pris la forme d'un mouvement traversant une succession de plans. Notre analyse a suivi ce processus depuis son niveau le plus extérieur jusqu'à son niveau le plus intérieur. Dans la réalité, le développement de la pensée verbale s'effectue suivant le cours inverse : depuis l'intention qui engendre une pensée jusqu'à la formulation de cette pensée, en langage intérieur tout d'abord, puis en significations de mots, et, pour finir, en mots. Le développement peut s'arrêter en n'importe quel point de ce cours compliqué ; une variété infinie de mouvements de va-et-vient, de voies encore inconnues, est possible. Analyser ces multiples variations dépasserait les limites de la présente étude.

Notre recherche a suivi des voies assez inhabituelles. Nous souhaitions étudier les mécanismes internes du langage et de la pensée, ceux qui échappent à l'observation directe. La signification et tout l'aspect intérieur du langage (le versant tourné vers le sujet et non plus vers le monde extérieur) ont formé jusqu'à présent un territoire quasiment inconnu. Quelle que fût la manière dont on les interprétait, les relations entre le mot et la pensée étaient toujours tenues pour constantes, pour établies une fois pour toutes. Nos recherches ont montré qu'elles constituaient bien au contraire, de relations entre processus délicates et changeantes, se manifestant au cours du développement de la pensée verbale. Nous avons simplement tenté de donner une idée générale de l'infinie complexité de cette structure dynamique — une idée qui parte de données expérimentales.

Pour la psychologie associationniste, le mot et la pensée se trouvaient unis par des liens externes, semblables aux liens qui uniraient deux syllabes dépourvues de sens. La psychologie de la forme a introduit le concept de liaison structurelle, mais comme la théorie précédente, n'a pas expliqué les relations spécifiques qui existent entre le mot et la pensée. Toutes les autres théories se sont regroupées autour de deux pôles : soit la conception behavioriste d'une pensée conçue comme un langage privé de sons ; soit la conception idéaliste, soutenue par l'école de Würzburg et par Bergson, que la pensée peut être « pure », indépendante du langage et que les mots la déforment. Le mot de Tjutchev, « toute pensée exprimée est un mensonge », pourrait parfaitement servir de devise à ce dernier groupe. Qu'elles inclinent vers un pur naturalisme ou qu'elles penchent pour un idéalisme extrême, toutes ces théories présentent un trait commun : leur prévention à l'égard de l'histoire. Elles étudient le langage et la pensée sans référence aucune à leur développement historique.

Seule une théorie historique du langage intérieur peut permettre de traiter ce problème immense et complexe. La relation entre le mot et la pensée est un processus vivant ; la pensée naît par l'intermédiaire des mots. Un mot dépourvu de pensée est une chose morte et une pensée qui ne se concrétise pas en mots reste une ombre. Le lien qui les unit n'est pourtant ni pré-formé ni constant. Il émerge dans le cours du développement et connaît lui-même une évolution. Au précept biblique « au commencement était le verbe », Goethe a fait répondre à Faust : « au commencement était l'action ». L'intention de l'écrivain consistait ici à ôter de la valeur aux mots. Il nous est pourtant possible d'accepter cette opinion, en accentuant la phrase de manière différente : « au *commencement* était l'action ». Le mot n'a pas été le commencement — l'action a bien été première ; le mot constitue la fin du développement, le couronnement de l'action.

Nous ne saurions conclure ce travail sans mentionner les perspectives qu'ouvrent nos recherches. Nous avons étudié les aspects intérieurs du langage, ceux qui étaient aussi inconnus de la science que la face cachée de la lune. Nous avons montré que ce qui caractérise fondamentalement les mots, c'est qu'ils sont un reflet généralisé de la réalité. Cet aspect du mot nous amène au seuil d'un sujet plus large et plus profond — le problème général de la conscience. Le langage et la pensée reflètent la réalité d'une manière différente de celle de la perception ; eux seuls permettent de pénétrer la nature de la conscience humaine. Les mots jouent un rôle central, non seulement dans le développement de la pensée, mais aussi dans la croissance historique de la conscience toute entière. Chaque mot est un microcosme de la conscience humaine.

*Note*

*Le présent chapitre est constitué de larges extraits du septième chapitre de L.S. Vygotsky (1962), *Thought and language*. Traduction : Christoph Papon.

1. Nous n'avons pas traduit le paragraphe IV du texte « résumé pour l'Occident », ce qui explique ce saut de III à V.

# 5. Le problème de l'enseignement et du développement mental à l'âge scolaire*

## I

Les théories les plus importantes proposées à ce jour en ce qui concerne le rapport entre développement de l'enfant et apprentissage peuvent être schématiquement regroupées en trois catégories fondamentales que nous examinerons séparément, pour mieux en définir les concepts de base.

Le premier type de conception se fonde sur le présupposé de l'*indépendance réciproque entre les processus de développement et les processus d'apprentissage*. Selon les théories de ce type, l'apprentissage est un processus purement extérieur, parallèle en quelque sorte au processus de développement de l'enfant, mais ne participant pas activement à celui-ci et ne le modifiant pas réellement ; l'apprentissage utilise les résultats du développement plutôt que de précéder le cours de celui-ci ou d'en changer la direction. Un exemple type de cette orientation est la conception extrêmement complexe et intéressante de Piaget qui étudie le développement de la pensée chez les enfants de façon tout à fait indépendante du processus d'apprentissage.

C'est un fait surprenant et négligé jusqu'à présent de constater que les recherches sur le développement de la pensée chez l'élève partent souvent de la prémisse que ce processus est indépendant de ce que l'enfant apprend effectivement à l'école. La capacité de raisonner de l'enfant, son intelligence, ses idées sur ce qui l'entoure, ses interprétations des causes physiques, sa maîtrise des formes logiques de pensée et de la logique abstraite sont considérés par les chercheurs comme des processus autonomes qui ne sont en aucune manière influencés par l'apprentissage scolaire.

Chez Piaget, la méthode de recherche utilisée pour étudier le développement mental de l'enfant n'est pas seulement une question de technique, mais une question de principe. Elle consiste à proposer des tâches qui non seulement sont complètement étrangères aux activités scolaires, mais qui excluent également toute possibilité que l'enfant soit en mesure de donner une réponse juste. Un exemple typique illustrant les aspects positifs et négatifs de cette méthode peut être fourni par n'importe quelle question posée par Piaget aux enfants au cours de l'interrogatoire clinique. Si l'on demande à un enfant de cinq ans pourquoi le soleil ne tombe pas, il est non seulement évident qu'il ne peut connaître la bonne réponse, mais aussi qu'il n'est pas en mesure de donner une réponse satisfaisante, même s'il avait des capacités géniales. En fait, le but poursuivi lorsqu'on pose des questions aussi difficiles à l'enfant, c'est d'exclure la possibilité de recourir à des expériences et à des connaissances acquises. Il s'agit de forcer l'esprit de l'enfant à travailler sur des problèmes tout à fait nouveaux et inaccessibles de manière à pouvoir ainsi étudier les tendances de sa pensée sous une forme pure, tout à fait indépendante de ses connaissances, de ses expériences et de sa culture.

Il est clair que cette théorie postule une indépendance complète entre le processus de développement et celui de l'apprentissage et qu'elle formule dès lors l'hypothèse d'une nette séparation des deux processus dans le temps. Le développement doit atteindre un certain stade, certaines fonctions doivent arriver à maturation avant que l'école ne commence à enseigner à l'enfant des connaissances et des habitudes. *L'apprentissage suit toujours le développement.* En vertu de ce principe, il est tout à fait exclu de poser le problème de l'effet que peut avoir l'enseignement sur le cours du développement ou de la maturation des fonctions activées dans les processus même d'enseignement. Le développement et la maturation des fonctions sont des prérequis et non un résultat de l'enseignement. L'enseignement se règle sur le développement sans toutefois y apporter des changements fondamentaux.

Le deuxième type de conception repose sur une thèse opposée qui affirme que *l'apprentissage est le développement.* Cette formule exprime de manière concise la substance d'un groupe de théories qui ont par ailleurs des bases diverses.

A première vue, cette conception peut sembler plus avancée que la précédente (qui est fondée sur la séparation nette entre les deux processus), parce qu'elle attribue à l'enseignement une valeur de premier plan dans le développement de l'enfant. Mais une analyse plus approfondie de ce deuxième groupe de solutions révèle que, malgré toutes les contradictions apparentes, les deux types de théories ont beaucoup de concepts fondamentaux en commun et coïncident même sur certains points.

Selon James, « l'éducation peut être définie comme l'organisation d'habitudes de comportements et de dispositions à l'action ». Le développement est ainsi réduit à une simple accumulation de réactions disparates. Toute réaction acquise — dit James — n'est en général rien d'autre qu'une forme plus complexe de la réaction innée suscitée au départ par un certain objet, ou bien encore un substitut de celle-ci. Selon cet auteur, ce principe est à la base de tous les processus d'acquisition, et donc à la base du développement. Il oriente toute l'activité de l'enseignement. Pour James, l'individu est simplement un complexe vivant d'habitudes.

Afin de mieux exprimer la teneur du second groupe de théories, on peut dire que les lois du développement y sont considérées comme des lois naturelles dont l'enseignement doit tenir compte, tout comme la technique est forcée de tenir compte des lois de la physique. Cependant, tout comme la technique est dans l'incapacité de transformer l'ensemble des lois qui gouvernent la nature, l'enseignement ne peut changer les lois du développement. On se demandera quelle est, dans cette optique, la relation entre la pédologie et la pédagogie, entre science du développement et science de l'éducation. La pédologie est la science des lois de développement ou de l'acquisition des habitudes, mais l'enseignement est un art. La science n'indique que les limites d'application des règles, l'art antique des règles qui ne doivent pas être transgressées par celui qui enseigne. Nous voyons que cette nouvelle théorie redit des choses anciennes. Les principes du développement sont considérés comme un processus purement naturel, c'est-à-dire comme un processus qui complexifie ou remplace des réactions innées. Ses lois sont des lois naturelles que l'enseignement ne peut pas modifier ; elles indiquent seulement les limites que celui-ci ne doit pas dépasser. Il n'y a pas besoin de confirmer que les réactions innées se soumettent aux lois naturelles. L'affirmation la plus remarquable de James était que «l'habitude est une seconde nature » ou comme le disait Wellington qu'« après dix fois les caractères se renforcent ».

Malgré certaines ressemblances entre les deux théories décrites, il existe une différence essentielle en ce qui concerne les rapports temporels entre le processus d'apprentissage et celui du développement. Comme nous l'avons vu, les tenants de la première théorie affirment que le cours du développement précède celui de l'apprentissage ; la maturation précède l'enseignement ; le processus éducatif ne peut que *suivre* la formation des processus psychiques. La deuxième théorie affirme par contre que les deux processus se développent simultanément de sorte que des progrès sur un plan correspondent à des progrès similaires sur l'autre plan. Le développement se rapporte à l'apprentissage comme l'ombre à l'objet qui le projette. Il faut noter que cette comparaison n'est pas exacte pour la théorie particulière que nous avons citée. Celle-ci propose en réalité une identité et une coïncidence complètes entre processus de développement et d'apprentissage, sans aucune différenciation et elle présuppose donc un lien et une relation plus étroite encore. Selon les auteurs de cette théorie, l'apprentissage et le développement coïncident en tous points comme deux figures géométriques parfaitement égales lorsqu'elles sont superposées. Le problème de la détermiation du processus qui précède et de celui qui suit perd ainsi son sens, étant donné que le principe fondamental en est la simultanéité, la synchronisation des deux processus.

Il existe enfin un troisième groupe de théories qui se caractérisent par leur volonté de dépasser les deux solutions extrêmes en réalisant leur synthèse. D'une part, les processus de développement est conçu comme indépendant de celui de l'apprentissage, mais d'autre part ce même apprentissage, au cours duquel l'enfant acquiert toute une série de formes de comportement, est considéré comme coïncidant avec le développement. Il s'agit ici de théories dualistes du développement. Un bon exemple en est fourni par la théorie de Koffka selon laquelle le développement de l'enfant est caractérisée par deux processus qui, bien que liés, sont de nature différente et se conditionnent réciproquement. D'une part il y a la maturation qui dépend directement du développement du système nerveux, de l'autre il y a l'apprentissage qui, selon Kofka, est en lui-même un processus de développement.

Ce qu'il y a de nouveau dans cette théorie peut être résumé en trois points. Tout d'abord, elle se fonde sur la synthèse de deux conceptions opposées dont nous avons dit plus haut qu'elles existaient déjà de façon séparée dans l'histoire de la science. La possibilité d'effectuer cette synthèse nous fait comprendre que ces deux théories ne sont pas du tout opposées, ne s'excluent pas l'une l'autre, mais ont des aspects en commun.

La deuxième nouveauté est l'idée de l'*interdépendance et de l'influence réciproque des deux processus fondamentaux* sur la base desquels se réalise le développement. Il est vrai que la caractéristique de cette influence réciproque n'est pour ainsi dire pas abordée dans le célèbre ouvrage de Koffka. Celui-ci se limite à quelques observations générales sur les liens existant entre les processus. Mais ces observations suggèrent que le processus de maturation prépare et rend possible un processus donné d'apprentissage, tandis que le processus d'apprentissage stimule et fait avancer jusqu'à un certain point le processus de maturation.

Finalement, le troisième aspect nouveau et le plus important de cette théorie est d'avoir valorisé *le rôle de l'apprentissage au cours du développement de l'enfant.* Si l'on examine de plus près cet aspect particulier, on remarque qu'il nous conduit directement à un problème pédagogique ancien, mais aujourd'hui moins actuel, qui se définit habituellement comme le problème de la *discipline formelle.* Cette idée a trouvé son expression la plus complète dans le système de Herbart. Elle attribue à toute matière d'enseignement une signification déterminée du point de vue du développement mental général de l'enfant. De ce point de vue, les différentes matières se différencient par la valeur qu'elles ont pour ce développement.

Nous savons que ces théories donnent naissance à des écoles où les matières fondamentales enseignées sont des disciplines comme les langues classiques, l'histoire de l'antiquité, les mathématiques. Elles font abstraction de la valeur pratique de telle ou telle discipline et tendent à donner une priorité absolue à celles parmi les disciplines qui ont le plus de valeur pour le développement intellectuel général de l'enfant. Nous savons en outre que la conception de la discipline formelle a engendré des pratiques très conservatrices en pédagogie. Et c'est précisément en réaction à cette conception qu'est apparu le deuxième groupe de théories que nous avons examiné, théories qui cherchaient à redonner à l'enseignement sa signification autonome au lieu de le considérer simplement comme un moyen pour le développement de l'enfant et donc comme une gymnastique ou une discipline formelle destinée à entraîner les capacités mentales.

De nombreuses recherches ont mis en évidence que la discipline formelle était sans fondements et qu'un enseignement dans un champ défini a une influence minimale sur le développement général. Woodworth et Thorndike par exemple ont démontré que des sujets adultes peuvent évaluer exactement la longueur de lignes courtes après une certaine période d'entraînement, mais qu'ils n'avaient pas pour autant augmenté leur capacité d'évaluer des lignes longues. D'autres sujets adultes ont appris à déterminer exactement la surface d'une certaine figure géométrique. Elles ont fait des erreurs dans deux tiers des cas aussitôt que la figure géométrique changeait. Gilbert, Fracker et Martin ont démontré qu'apprendre à réagir rapidement à un certain type de signal influence très peu la capacité de réagir rapidement à un autre type de signal.

De nombreuses autres études de ce type pourraient être citées qui ont conduit à des résultats identiques, démontrant ainsi que l'enseignement d'une forme particulière d'activité n'influence pas d'autres formes d'activité, même si ces dernières sont très semblables aux premières. La question de savoir quel est le degré de développement des capacités mentales générales que les élèves atteignent grâce à l'enseignement quotidien d'une réaction dépendrait, selon Thorndike, de la valeur éducative générale effective des disciplines enseignées, ou, en bref, de leur valeur en tant que discipline formelle. Et il poursuit :

« La réponse que donnent normalement les psychologues et les pédagogues est que toute acquisition particulière, toute forme spécifique de développement augmente directement et uniformément les capacités générales. L'enseignant penserait et agirait avec la conviction que l'intelligence est un complexe d'attitudes, d'observations, d'attention, de mémoire, de raisonnements, etc. et que toute amélioration d'une capacité quelconque se reflète automatiquement au plan de toutes les capacités. Selon cette théorie concentrer la capacité d'attention sur la grammaire latine signifie améliorer la capacité de concentrer l'attention sur tout autre objet possible. L'opinion communément admise est que des mots comme « précision », « vivacité », « raisonnement », « mémoire », « observation », « attention », « concentration », etc. correpondent à des facultés réelles et fondamentales qui subissent des changements en fonction du matériel sur lequel elles opèrent, et que les changements persistent quand ces facultés sont appliquées à d'autres champs, donc, que si un homme apprend à bien faire une certaine chose, il réussira aussi, en vertu d'une mystérieuse connexion, à bien faire d'autres choses qui n'ont aucun lien avec la première. Les facultés intellectuelles existeraient indépendamment de la matière sur laquelle elles opèrent et le développement d'une de ces faculté contribuerait nécessairement au développement des autres. » Thorndike s'est opposé à une telle conception en se basant sur de nombreuses recherches qui l'infirment. Il a démontré la dépendance des différentes formes d'activité à l'égard du matériel spécifique sur lequel elles se développent. Le développement d'une faculté particulière entraîne rarement celui d'autres. Un examen approfondi montre — dit-il — que la spécialisation des capacités est en réalité beaucoup plus grande qu'il ne semble à première vue. Si l'on choisit par exemple, parmi cent individus, dix qui sont particulièrement aptes à reconnaître les erreurs d'orthographe ou à évaluer une longueur, ils ne témoigneront pas d'une habileté analogue pour évaluer correctement le poids d'un objet. La vitesse et la précision au cours d'addition ne s'accompagnent pas d'une vitesse et d'une précision analogue quand il s'agit de trouver les contraires d'une série déterminée de mots.

Ces études démontrent que la conscience n'est pas du tout un ensemble constitué d'un certain nombre de capacités telles que l'observation, l'attention, la mémoire, le jugement, etc. — mais plutôt la somme de nombreuses capacités différentes dont chacune est jusqu'à un certain point indépendante des autres et doit donc être exercée de manière indépendante. La tâche de l'enseignant n'est pas de développer seulement la réflexion, mais de nombreuses autres capacités particulières de pensée portant sur des matières diverses. Il ne s'agit pas de renforcer notre capacité générale d'attention, mais de développer différentes capacités permettant de concentrer l'attention sur des matières diverses.

Les méthodes qui permettent à un enseignement particulier d'influencer le développement général fonctionnent seulement parce que des éléments, des matériaux et des processus communs existent. Nous sommes gouvernés par les habitudes. Il s'ensuit que développer la conscience signifie développer de nombreuses capacités spécifiques et indépendantes et former de nombreuses habitudes spécifiques, puisque l'activité de chaque capacité dépend du matériel sur lequel cette capacité opère. L'amélioration d'une fonction ou d'une activité spécifique de la conscience n'influence le développement d'autres fonctions ou activités que si elles ont des éléments en communs.

Nous avons déjà dit que le troisième groupe de théories que nous examinons s'oppose à cette conception. Ces théories se basent sur les résultats de la psychologie structuraliste qui a démontré l'impossibilité de réduire le processus d'apprentissage à une simple acquisition d'habitudes particulières. Ce processus est une activité de type intellectuel qui permet l'application de principes structuraux, acquis au cours de la résolution d'une certaine tâche à la solution de toute une série d'autres tâches. Les théories du troisième groupe soutiennent donc que *l'influence de l'apprentissage n'est jamais spécifique*. En apprenant une opération particulière quelconque, l'élève acquiert la capacité de construire une certaine structure, indépendamment des variations de la matière sur laquelle il agit et indépendamment des différents éléments qui constituent cette structure.

Il se trouve dès lors que les théories du troisième type qui contiennent comme nouveauté essentielle le retour à la théorie de la discipline formelle, entrent en même temps en contradiction avec les prémisses sur lesquelles cette dernière se base. Rappelons que Koffka adopte la vieille formule selon laquelle l'apprentissage est aussi développement, mais qu'en même temps il ne considère pas l'apprentissage comme un processus pur et simple d'acquisition de capacités et d'habitudes spécifiques et ne définit pas l'apprentissage et le développement comme des processus identiques. Il postule au contraire une interaction complexe. Si pour Thorndike apprentissage et dévelopement coïncident à tous points de vue comme deux figures géométriques identiques superposées, pour Koffka le développement concerne toujours un domaine plus vaste que celui de l'apprentissage. La relation entre les deux processus peut être représentée schématiquement au moyen de deux cercles concentriques dont le plus petit représenterait le processus d'apprentissage et le plus grand celui du développement, guidé et suscité par l'apprentissage.

L'enfant apprend à exécuter une opération d'un certain genre. En même temps il s'approprie un principe structuel dont le domaine d'application est plus grand que celui de l'opération de départ. En faisant un pas en avant dans le champ de l'apprentissage, l'enfant en fait par conséquent deux dans le champ du développement ; apprentissage et développement ne coïncident donc pas.

## II

Les trois solutions différentes du problène qui nous intéresse et que nous avons exposées ici nous permettent, en prenant nos distances avec chacune des trois, de suggérer une quatrième voie plus précise. Nous pensons que *l'apprentissage de l'enfant commence, dans ses phases initiales, bien avant l'apprentissage scolaire.* L'apprentissage scolaire ne commence jamais sur une table rase. Tout apprentissage de l'enfant à l'école à une préhistoire. L'enfant commence par exemple à étudier l'arithmétique à l'école, mais bien avant d'entrer à l'école il a déjà acquis une certaine expérience concernant les quantités ; il a rencontré diverses opérations de division et d'addition, complexes et simples ; l'enfant a donc déjà appris une arithmétique préscolaire que seuls des chercheurs en psychologie très myopes peuvent ne pas valoriser, ou ignorer complètement.

Le parcours de l'apprentissage scolaire chez l'enfant n'est pas nécessairement la continuation du développement préscolaire dans tous les domaines. L'apprentissage préscolaire peut être négligé sous certains aspects et l'apprentissage scolaire peut aussi prendre une direction contraire à l'apprentissage préscolaire. Que l'école continue la pré-école ou qu'elle contraste avec elle, nous ne pouvons dans aucun cas ignorer que l'enseignement scolaire ne commence pas à un point zéro. Il est toujours précédé par le stade de développement bien défini, atteint par l'enfant avant d'entrer à l'école.

Les arguments de chercheurs comme Stumpf et Koffka qui essayent d'effacer le saut entre l'enseignement scolaire et l'apprentissage préscolaire nous semblent très convaincants. En essayant de clarifier, pour les enseignants, les lois de l'apprentissage de l'enfant et leurs rapports avec le développement mental, Koffka attire l'attention sur des processus plus simples et plus primitifs d'apprentissage qui apparaissent au cours de l'âge préscolaire.

Il a cependant commis une erreur en ne prêtant pas attention à la différence essentielle entre instruction scolaire et apprentissage préscolaire alors même qu'il a noté leur ressemblance. Il ne s'est pas rendu compte qu'un facteur nouveau est introduit à l'école, et il a cru, suivant en cela Stumpf, que la différence résidait seulement dans la systématicité d'un apprentissage et la non-systématicité de l'autre. Il ne s'agit évidemment pas seulement de systématicité. L'instruction scolaire comporte une autre nouveauté essentielle dans le développement de l'enfant. Ces auteurs ont toutefois su justement attirer l'attention sur la présence d'une activité d'apprentissage bien avant le début de l'âge scolaire. Peut-on, en effet, nier que l'enfant apprend, par exemple, le langage des adultes ? Ou qu'en posant des questions et en recevant des réponses il entre en contact avec des connaissances et expériences déterminées des adultes et élabore ainsi lui-même, grâce à l'imitation ou aux exhortations des adultes, une certaine somme d'expériences ?

Il va de soi que ce processus d'apprentissage qui a lieu avant l'entrée de l'enfant à l'école diffère fondamentalement de l'acquisition d'éléments de diverses sciences à l'école. Toutefois quand l'enfant tente de s'approprier à travers ses questions les noms des objets qui l'entourent, il est déjà inséré dans une démarche spécifique d'apprentissage. Apprentissage et développement ne sont donc pas mis en contact pour la première fois à l'âge scolaire, mais sont liés l'un à l'autre dès les premiers jours de la vie de l'enfant.

La question que nous devons nous poser présente ainsi une double difficulté et se dédouble en deux questions. Nous devons en premier lieu comprendre *quel est le rapport qui existe en général entre développement et apprentissage* et puis essayer de saisir *les caractéristiques spécifiques de ce rapport à l'âge scolaire.*

Nous préférons commencer par la deuxième question car elle permettra de clarifier ensuite la première. Pour y répondre il nous paraît nécessaire d'exposer les résultats de quelques recherches qui, à notre avis, ont une signification fondamentale pour résoudre notre problème et qui ont le mérite d'introduire un concept scientifique tout à fait nouveau. Nous parlons de ce qui est appelé « *zone proximale de développement* »**

C'est une constatation empirique, souvent vérifiée et indiscutable, que l'apprentissage est en relation avec le niveau de développement de l'enfant. Il n'est pas du tout nécessaire de fournir une preuve pour démontrer qu'on ne peut commencer à enseigner la lecture et l'écriture qu'à un âge déterminé, que l'enfant n'est en mesure d'apprendre l'algèbre qu'à un certain âge aussi. Nous pouvons donc tranquillement prendre comme point de départ le fait fondamental et incontestable qu'il existe une relation entre un niveau donné de développement et la capacité potentielle d'apprentissage.

On a récemment centré l'attention sur le fait que pour définir le rapport effectif entre développement et apprentissage il n'est pas suffisant de définir seulement le degré de développement. Il est nécessaire de déterminer au moins *deux niveaux de développement,* sinon on ne réussit pas à trouver la relation entre développement et possibilité d'apprentissage. Nous appelons le premier de ces niveaux *développement actuel de l'enfant.* Il correspond au degré de développement atteint par les fonctions psychiques de l'enfant.

Lorsqu'on définit l'âge mental d'un enfant à l'aide de tests, on parle justement de ce développement actuel. Mais comme le démontre l'expérience, ce niveau de développement actuel de l'enfant ne permet pas de définir complètement l'état de développement d'un enfant à un moment donné. Imaginons que nous avons soumis deux enfants à un examen et que nous avons fixé leur âge mental à sept ans. Cela signifie que les deux enfants sont en mesure de résoudre des tâches accessibles à des enfants de cet âge. Mais si nous essayons de leur faire résoudre d'autres tests, une différence importante peut apparaître entre eux. A l'aide de questions posées, d'exemples, etc., l'un pourra résoudre facilement des tests adaptés aux sujets de deux ans plus âgés ; l'autre par contre, résoudra seulement le test qui dépasse de six mois cet âge.

Nous rencontrons ici des faits permettant de définir le concept de *zone proximale de développement.* Il s'agit d'un concept lié à son tour à une réévaluation du problème de l'imitation dans la psychologie contemporaine.

Le point de vue communément accepté est de considérer l'activité autonome de l'enfant et non pas l'imitation comme seule indication possible du degré de développement mental. Cette opinion est à la base de tous les systèmes modernes de mesure psychologique. Pour évaluer le développement mental, on ne tient compte que des tests que l'enfant résoud seul, sans l'aide des autres et sans être aidé par des questions appropriées.

De nombreuses recherches démontrent qu'il s'agit là d'un critère sans fondements. Des études faites sur des animaux ont montré en effet que les actions que l'animal est en mesure d'imiter entrent pratiquement dans son répertoire potentiel. Cela signifie donc que l'animal peut seulement imiter les actions qui lui sont déjà accessibles ; cela veut dire, comme l'ont mis en évidence les expériencs de Köhler, que les possibilités d'imitation des animaux ne dépassent pas les limites de leur capacité potentielle d'action. Si un animal est capable d'imiter une action intellectuelle, cela signifie qu'il est capable, sous certaines conditions, de réaliser une action analogue dans son activité indépendante. L'imitation est donc liée à la capacité de compréhension et n'est possible que dans la sphère des actions accessibles à la compréhension de l'animal.

La différence fondamentale par rapport à l'enfant tient à ce que celui-ci peut imiter de nombreuses actions qui dépassent de loin les limites de ses capacités. Grâce à l'imitation, dans une activité collective, sous la direction d'adultes, l'enfant est en mesure de réaliser beaucoup plus que ce qu'il réussit à faire de façon autonome. La différence entre le niveau de résolution de problèmes sous la direction et avec l'aide d'adultes et celui atteint seul définit la zone proximale du développement.

Souvenons-nous de l'exemple que nous venons de donner : deux enfants ont le même âge mental de sept ans ; cependant l'un des deux résoud avec un minimum d'aide des tâches pour des enfants de neuf ans, alors que l'autre ne réussit que des tâches adaptées à des enfants de sept ans et demi. Le développement mental de ces deux enfants est-il le même ? Du point de vue de leur activité autonome, oui ; mais du point de vue de leur capacité potentielle de développement ils sont très différents. Ce que l'enfant est capable de réaliser avec l'aide de l'adulte délimite sa zone proximale de développement. Avec cette méthode nous pouvons tenir compte non seulement du processus de développement déjà réalisé et des processus de maturation qui ont déjà eu lieu, mais aussi de ceux qui sont en devenir, qui sont en train de se développer et de mûrir.

Ce que l'enfant est en mesure de faire aujourd'hui à l'aide des adultes, il pourra l'accomplir seul demain. La zone proximale de développement nous aide ainsi à connaître les pas futurs de l'enfant et la dynamique de son développement en prenant en considération non seulement les résultats déjà obtenus, mais aussi ceux en voie d'acquisition. L'état de développement mental de l'enfant peut ainsi être déterminé sur la base d'au moins deux facteurs : celui du développement actuel et celui de la zone proximale de développement.

En elle-même, cette question peut paraître peu significative. En réalité, elle est d'une importance fondamentale et provoque un changement décisif dans toutes les théories qui traitent du rapport entre développement et apprentissage à l'âge scolaire. Elle met notamment en question la manière traditionnelle de poser le problème des mesures pédagogiques à prendre sur la base de diagnostics du développement. Auparavant la question se présentait comme suit : une fois défini à l'aide de tests, le niveau de développement mental de l'enfant était considéré comme limite que celui-ci ne pouvait pas dépasser. Cette façon de présenter le problème implique que l'enseignement doit s'orienter sur la base du développement qui a déjà eu lieu, du stade déjà dépassé.

L'inexactitude de ces conclusions a été mise en évidence dans la pratique bien avant d'apparaître au niveau théorique. La meilleure démonstration peut en être faite dans le cas de l'enseignement des enfants handicapés mentaux. Comme le montrent de multiples expériences, l'enfant handicapé est peu enclin à la pensée abstraite. On en a déduit que l'activité didactique des écoles spéciales devait se fonder sur l'utilisation de matériel visuel.

De longues expériences allant dans ce sens se sont avérées insatisfaisantes. Il a été prouvé qu'un système d'enseignement basé exclusivement sur des moyens visuels excluant tout ce qui concerne la pensée abstraite non seulement n'aide pas l'enfant à dépasser son incapacité naturelle, mais la consolide de fait. En insistant sur la pensée visuelle, on étouffe les embryons de pensée abstraite chez ces enfants. Laissé seul, l'enfant handicapé ne peut atteindre aucune forme évoluée de pensée abstraite. Il est du devoir de l'école de permettre à l'enfant handicapé de faire des pas dans cette direction et de développer chez lui cet aspect qui se révèle insuffisant. Actuellement on constate un changement de bon augure dans les méthodes de l'enseignement spécialisé qui attribuent une juste place à l'utilisation des moyens visuels, sur lesquels les méthodes anciennes se basaient exclusivement ; les moyens visuels sont nécessaires et indispensables pour l'évolution de la pensée abstraite, comme moyens et non pas comme fin en soi.

On peut observer un phénomène similaire dans le développement de l'enfant normal. Un enseignement orienté vers un stade déjà acquis est inefficace. Il n'est pas en mesure de diriger le processus développemental mais est entraîné par celui-ci. La théorie de la zone proximale de développement se traduit par une formule qui est exactement contraire à l'orientation traditionnelle : *Le seul bon enseignement est celui qui précède le développement.*

## III

Par manque de place, nous nous permettrons de mentionner sans les résumer de nombreuses recherches qui nous apprennent que le développement des fonctions psychiques spécifiquement humaines de l'enfant, formées au cours du développement de l'humanité, est un processus tout à fait particulier. Nous avons formulé ailleurs la loi fondamentale du développement de ces fonctions : *Chaque fonction psychique supérieure apparaît deux fois au cours du développement de l'enfant : d'abord comme activité collective, sociale et donc comme fonction interpsychique, puis la deuxième fois comme activité individuelle, comme propriété intérieure de la pensée de l'enfant, comme fonction intrapsychique.*

Le développement du langage sert de paradigme pour ce type de problème. Le langage apparaît tout d'abord comme moyen de communication de l'enfant avec ceux qui l'entourent. C'est seulement dans un deuxième temps, en se transformant en langage intérieur qu'il devient un mode de pensée fondamental de l'enfant lui-même, une de ses fonctions psychiques. Les études menées par Baldwin, Rignano et Piaget ont démontré que la nécessité de mettre en œuvre sa pensée apparaît pour la première fois quand il y a une discussion entre enfants et que ce n'est qu'ensuite que la pensée se présente comme activité intérieure (l'enfant raisonne et vérifie les fondements de sa propre pensée). « En ce qui nous concerne, nous sommes volontiers enclins à nous croire nous-même sur parole, dit Piaget, et ce n'est que lors du processus de communication avec les autres qu'apparaît en nous la nécessité de prouver et de démontrer notre pensée. »

Tout comme elle donne naissance à la réflexion et au langage intérieur, la communication entre l'enfant et les personnes qui l'entourent est aussi à l'origine du développement de la volonté chez l'enfant. Dans un de ses récents travaux, Piaget a démontré que c'est la coopération qui est à la base du développement du jugement moral chez l'enfant. D'autres études précédentes ont à leur tour mis en évidence que l'enfant apprend d'abord à conformer son comportement à un ensemble de règles externes, au cours du jeu collectif, et que ce n'est qu'ensuite, dans un deuxième temps, qu'apparaît l'autorégulation volontaire du comportement comme fonction intérieure de l'enfant lui-même.

Ces quelques exemples permettent d'illustrer toute la ligne générale du développement des fonctions psychiques supérieures durant la période infantile. Nous appliquons aussi cette règle au processus d'apprentissage et nous n'hésitons pas à affirmer que le trait fondamental de l'apprentissage consiste en la formation d'une zone proximale de développement. L'apprentissage donne donc naissance, réveille et anime chez l'enfant toute une série de processus de développement internes qui, à un moment donné, ne lui sont accessibles que dans le cadre de la communication avec l'adulte et de la collaboration avec les camarades, mais qui, une fois intériorisés, deviendront une conquête propre de l'enfant.

Considéré de ce point de vue, l'apprentissage ne coïncide pas avec le développement, mais active le développement mental de l'enfant, en réveillant les processus évolutifs qui ne pourraient être actualisés sans lui. Il devient ainsi un moment constitutif essentiel du développement des caractéristiques humaines, non naturelles, acquises au cours du développement historique.

Pour la même raison qu'un enfant de parents sourds-muets, privé d'input langagier, reste sourd tout en possédant tous les prérequis naturels pour le développement du langage, et par conséquent ne développe pas en lui toutes les fonctions psychiques supérieures liées au langage, toute activité d'enseignement constitue une source pour le développement des processus qui ne pourraient en aucun cas avoir lieu en dehors de lui.

L'importance de l'enseignement en tant que facteur essentiel pour déterminer la zone proximale du développement peut être plus clairement mise en évidence en confrontant l'apprentissage de l'adulte avec celui de l'enfant. Ce n'est que récemment qu'on a commencé à prêter attention à la différence fondamentale qui existe entre ces deux types d'apprentissage. Comme on le sait, les adultes ont aussi à leur disposition de grandes capacités d'apprentissage. L'idée de James selon laquelle après 25 ans il est impossible d'assimiler de nouvelles idées, a été complètement contredite par les recherches expérimentales modernes. Pourtant aujourd'hui encore on a pas suffisamment mis en évidence ce qui distingue l'apprentissage des adultes de celui des enfants.

En effet, si l'on considère, comme le proposent les théories de Thorndike et de James que nous avons citées, le processus d'apprentissage comme équivalent à celui de la simple formation d'habitudes, il ne peut y avoir de différence fondamentale entre apprentissage de l'enfant et apprentissage de l'adulte, puisque dans les deux cas ce sont les mêmes mécanismes qui sont à la base de la formation des habitudes. La différence se réduit à la facilité et à la rapidité plus ou moins grande du processus d'acquisition.

Les choses se présentent très différemment quand on cherche à déterminer, par exemple, la différence entre d'une part apprendre à taper à la machine, à aller en bicyclette, à jouer au tennis pour l'adulte et apprendre la langue écrite, l'arithmétique ou les sciences naturelles durant l'âge scolaire. Pour nous, la différence réside dans le rapport différent aux processus de développement.

Apprendre à taper à la machine implique effectivement l'assimilation de certaines habitudes qui en tant que telles ne produisent aucun changement dans la configuration mentale humaine, étant donné qu'elles se servent de cycles de développement déjà accomplis et achevés. Et c'est précisément pour cette raison qu'un tel apprentissage n'a qu'une importance insignifiante pour le développement général.

Mais pour ce qui concerne l'apprentissage de l'écriture, nous devons tenir un discours différent. Des recherches menées à ce propos et dont nous parlerons ailleurs ont démontré que ce processus ouvre une série de nouveaux cycles de développement d'une grande complexité, qu'il apporte des modifications tellement fondamentales dans le cadre du développement mental général de l'enfant qu'on peut le comparer avec l'effet de l'apprentissage du langage lors du passage de la prime enfance à l'enfance.

## IV

Il est temps maintenant de faire le point sur ce que nous avons dit et de préciser la nature du rapport que nous concevons entre processus d'enseignement et cycles de développement. En anticipant quelques conclusions, nous pouvons affirmer que toutes les recherches expérimentales sur la nature des processus d'apprentissage de l'arithmétique, de l'écriture, des sciences naturelles et des autres matières à l'école élémentaire montrent que ces processus gravitent autour des nouvelles acquisitions de l'âge scolaire et donc autour des points cruciaux du développement de l'enfant de cet âge. L'enseignement scolaire lui-même réveille des processus internes déterminés de développement. La première tâche de l'analyse du processus pédagogique doit donc être de suivre attentivement la naissance et l'orientation de ces lignes du développement intérieur qui apparaissent exactement au début de l'apprentissage scolaire.

En ce qui concerne notre hypothèse, le point essentiel consiste en l'affirmation que les *processus du développement ne coïncident pas avec ceux de l'apprentissage mais suivent ces derniers en donnant naissance à ce que nous avons défini comme zone proximale de développement.*

Notre point de vue conduit à une transformation de l'opinion traditionnelle en matière de relation entre enseignement et développement. Du point de vue traditionnel, au moment où l'enfant a appris la signification d'un mot (par exemple le mot « révolution ») ou quand il s'est approprié quelques opérations (par exemple l'opération d'addition ou le langage écrit), les processus de son développement sont, en substance, considérés comme achevés. De notre point de vue, ils commencent seulement.

Monter comment l'acquisition des quatre opérations arithmétiques produit toute une série de processus internes très complexes dans le développement de la pensée de l'enfant constitue la tâche essentielle de la pédologie pour l'analyse du processus pédagogique.

Notre hypthèse suppose l'unité, mais non l'identité des processus d'enseignement et des processus internes de développement. Elle présuppose le passage des uns aux autres. Le véritable objet de l'analyse pédologique consiste à montrer comment la signification externe et l'habileté de l'enfant deviennent internes.

L'analyse pédologique n'est pas la psychotechnique de l'école. Le travail scolaire de l'enfant n'est pas un métier. Il n'est pas analogue à l'activité professionnelle des adultes. Découvrir réellement les processus qui s'accomplissent chez l'enfant au cours de l'enseignement, signifie donc ouvrir les portes à l'analyse pédologique scientifique du processus pédagogique.

Toute recherche aborde un domaine déterminé de la réalité. On se demandera quel est le type de réalité qui s'exprime dans l'analyse pédologique. Cette réalité se trouve dans les liens internes réels des processus de développement qui apparaissent dans la vie de l'enseignement scolaire. En ce sens, l'analyse pédologique se tournera toujours vers l'intérieur et ressemblera aux recherches avec les rayons Roentgen. Elle doit permettre à l'enseignant de comprendre comment les processus, mis en lumière au cours de l'enseignement scolaire, se déroulent dans la tête de chaque enfant particulier. La tâche immédiate de l'analyse pédologique consiste à découvrir ce réseau interne, sous-terrain, génétique, des sujets scolaires.

La deuxième affirmation fondamentale issue de notre hypothèse est que bien que l'enseignement soit étroitement lié au développement de l'enfant, les deux processus ne sont pas exactement parallèles. Le développement de l'enfant ne suit pas comme une ombre l'activité didactique développée à l'école. C'est pour cela que les tests sur les résultats obtenus à l'école par l'enfant ne reflètent jamais le cours effectif de son développement. De fait, des rapports dynamiques d'interdépendance s'instaurent entre développement et apprentissage, rapports qu'on ne peut exprimer en une formule théorique artificielle, aprioriste, donnée une fois pour toute.

Toute discipline a un rapport particulier et concret avec le cours du développement de l'enfant. Ce rapport change lorsque l'enfant réalise un passage d'une étape de développement à une autre. Ces conclusions nous amènent à une révision du problème de la discipline formelle et donc de l'importance et de la signification de chaque matière particulière d'enseignement pour le développement intellectuel de l'enfant. Nous nous trouvons donc face à un problème qui est loin d'être résolu par une formule simple, unique, mais qui constitue le point de départ pour des recherches nombreuses concrètes et variées.

*Note*

*Ce texte a été écrit par Vygotsky entre 1933 et 1934, peu avant sa mort, et publié en 1935 sous le titre « Problema obucheniaz i umstvennogo razvitya v chkol'nom vozraste » dans le livre sur « Le développement mental de l'enfant dans le processus d'enseignement ». La traduction de Catherine Haus inclut une série de remarques de Vygotsky sur la pédologie. Ces passages se trouvent dans le texte publié in : L.S. Vygotskij, *Antologia di scritti a cura di Luciano Mecacci,* Bologna, Mulino, 255-278 (traduction de Villa ; nouveaux passages traduits par L. Mecacci).

Comme le montrent les titres italiens des deux traductions (cf. bibliographie), le terme russe « obuchenie » désigne à la fois « apprentissage » et « enseignement ». Selon Wertsch (1985, p. 235), la meilleure traduction serait « processus d'enseignement/apprentissage », mais c'est une expression un peu trop lourde. Nous avons utilisé les deux termes selon le contexte, en suivant en général la traduction de Veggetti.

**La traduction du terme « zone proximale de développement » pose quelques problèmes. En russe « zona blizhaishego razvitiya » signifie littéralement « zone du développement le plus proche ». En italien, Veggetti traduit par « zone de développement potentiel » en mettant en parenthèses : « imminent, immédiat ». Villa traduit par « aire de développement potentiel ». En anglais, le terme est pour la première fois traduit dans L.S. Vygotsky (1978), *Mind in Society* (traduction M. Cole) par « zone of proximal development ». Ce terme a été utilisé par Bruner et Hickman dans un article paru in : J.S. Bruner (1983), *Savoir faire — savoir dire,* Paris PUF, et a été traduit par Deleau « zone proximale de développement » (p. 283). A notre connaissance, c'est ici que le terme vygotskyen est pour la première fois utilisé de manière systématique en français. Nous avons repris la traduction proposée par Deleau.

# DEUXIÈME PARTIE

# VYGOTSKY AUJOURD'HUI

# 6. Commentaires sur les remarques critiques de Vygotsky*

Jean Piaget

Ce n'est pas sans tristesse qu'un auteur découvre, vingt-cinq ans après leur publication, les travaux d'un collègue décédé entre temps, surtout lorsque ces travaux contiennent tant d'aspects d'intérêt immédiat pour lui et qui auraient dû être discuté personnellement et en détail. Bien que mon ami A. Luria m'ait tenu au courant des positions bienveillantes, puis critiques de Vygotsky concernant mes travaux, je n'ai jamais pu lire ses écrits ou le rencontrer en personne. En lisant son livre aujourd'hui je le regrette profondément, car nous serions arrivés à un accord sur nombre de points.

Madame E. Hanfmann, l'un de ses successeurs les plus fidèles, m'a gentiment demandé de commenter les réflexions de cet éminent psychologue concernant mes premiers travaux. Je l'en remercie, mais je dois aussi avouer un certain embarras, car lorsque le livre de Vygotsky paraît en 1934, il met en discussion mes travaux datant de 1923 et 1924. En réfléchissant sur comment procéder rétrospectivement à cette discussion, j'ai toutefois trouver une solution à la fois simple et instructive (en tout cas pour moi), à savoir essayer de voir si les critiques de Vygotsky sont encore justifiées à la lumière de mes récents travaux. La réponse est à la fois oui et non : sur certains points je me retrouve plus en accord avec Vygotsky que je ne l'eus été en 1934, alors que sur d'autres points, j'ai maintenant de meilleurs arguments pour lui répondre.

# I

Commençons par deux problèmes distincts soulevés par le livre de Vygotsky : la question de l'égocentrisme en général et celle plus spécifique du langage égocentrique. Si je l'ai bien compris, Vygotsky est en désaccord avec moi en ce qui concerne l'égocentrisme intellectuel de l'enfant, mais il reconnaît l'existence de ce que je nomme le langage égocentrique : il le considère comme le point de départ du langage intériorisé qui se développe plus tard et qui peut être utilisé à son avis à la fois pour des buts autistiques et logiques. Prenons ces deux questions séparément.

**Égocentrisme cognitif**

Le problème principal soulevé par Vygotsky est fondamentalement celui de la nature adaptative et fonctionnelle des activités de l'enfant — et de tout comportement humain. A ce stade, je suis d'accord avec lui sur le fond : tout ce que j'ai écrit (après mes cinq premiers livres) sur la « naissance de l'intelligence » au niveau sensori-moteur et sur le développement des opérations logico-mathématiques à partir de l'action, me permet facilement de localiser le commencement de la pensée dans le contexte de l'adaptation — dans un sens de plus en plus biologique.

Cependant dire que chaque échange entre l'enfant et son environnement tend vers l'adaptation ne signifie pas pour autant que cette adaptation rencontre, dès le départ, toujours le succès ; nous devons nous garder d'un optimisme bio-social excessif dans lequel semble parfois tomber Vygotsky. En fait chaque effort d'adaptation est sujet à deux limitations.

1. Le sujet peut ne pas avoir encore acquis ou élaboré les pensées ou organes d'adaptation nécessaires pour accomplir certaines tâches : leur développement est souvent un processus long et difficile. C'est le cas

pour les opérations logiques : leurs premiers systèmes stables ne sont pas atteints avant l'âge de 7 ou 8 ans (Cf. *La genèse du nombre chez l'enfant, La genèse de l'espace chez l'enfant,* etc.).

2. L'adaptation est un degré d'équilibre entre l'assimilation des objets aux structures des actions et l'accommodation de ces structures aux objets ; ces structures peuvent être innées ou en formation, ou bien elles peuvent se constituer à travers l'organisation progressive des actions. Il peut évidemment arriver que l'équilibre entre assimilation et accommodation prenne des formes qui ne sont pas assez adéquates, de telle sorte que les efforts d'adaptation aboutissent à *des erreurs systématiques.*

Nous trouvons de telles erreurs systématiques à tous les niveaux de la hiérarchie du comportement. Le champ de la perception en fournit de nombreux exemples : à peu près chaque perception contient un peu d'illusion. Après avoir étudié pendant vingt ans le développement de ces erreurs systématiques de l'enfance à l'âge adulte, je viens d'écrire un livre sur les mécanismes de la perception : dans celui-ci, j'ai essayé de réduire ces effets variés à certains mécanismes généraux basés sur la centration de la vision — cela soulève des problèmes proches de ceux concernant l'égocentrisme. Sur le plan affectif, il faudrait posséder une certaine dose d'optimisme pour croire que nos sentiments inter-personnels élémentaires sont toujours bien adaptés : des réactions telles que la jalousie, l'envie, la vanité, qui sont sans aucun doute universelles, peuvent certainement être considérées comme divers types d'erreurs systématiques dans la perspective émotionnelle individuelle. Dans le domaine de la pensée, toute l'histoire de la science depuis le géocentrisme jusqu'à la révolution copernicienne, des faux absolus de la physique d'Aristote à la relativité du principe d'inertie de Galilée et à la théorie de la relativité d'Einstein, montre que nous avons mis des siècles à nous libérer des erreurs systématiques, des illusions causées par le point de vue immédiat, opposé à la pensée systématique « décentrée ». Et cette libération est loin d'être totale.

J'ai forgé le terme d'« égocentrisme cognitif » (c'est certainement un mauvais choix) pour exprimer l'idée que le progrès de la connaissance ne procède jamais par simple addition d'items ou de niveaux supplémentaires, comme si une connaissance plus riche était seulement un complément de la précédente plus maigre : le progrès requiert aussi une perpétuelle reformulation des points de vue antérieurs par un processus allant d'avant en arrière, corrigeant continuellement à la fois les erreurs systématiques initiales et celles qui se trouvent le long du chemin. Ce processus correctif semble obéir à une loi de développement bien définie, la loi de la *décentration*. Pour la science, passer d'une perspective géocentrique à une perspective héliocentrique requiert une prouesse gigantesque. Cependant le même type de processus peut être observé chez le petit enfant : ma description, appréciée par Vygotsky, du développement de la notion de « frère » montre quelle sorte d'effort est demandé à un enfant qui a un frère pour comprendre que son frère a aussi un frère. Ce concept se réfère à une relation de réciprocité et non à une « propriété » absolue. De même, de récentes expériences (inaccessibles à Vygotsky) ont montré que pour concevoir qu'une route plus longue qu'une autre se termine au même point, en séparant donc le concept (métrique) de « long » du concept (ordinal) de « loin », l'enfant doit décentrer sa pensée, qui d'abord se focalise sur le point final seulement, et aboutir à une relation objective entre le point de départ et le point d'arrivée.

J'ai utilisé le terme *égocentrique* pour désigner l'incapacité initiale à se décentrer, à modifier la perspective donnée (*manque de décentration*). Il aurait peut-être mieux valu parler simplement de « centrisme », mais puisque la centration initiale de la perspective est toujours relative à nos propres positions et actions, je dis égocentrisme et mets en évidence que l'égocentrisme inconscient de la pensée auquel je me réfère n'est pas en relation avec la signification commune du terme, à savoir l'hypertrophie de la conscience de soi. L'égocentrisme cognitif, tel que j'ai essayé de l'expliquer, provient d'un manque de différenciation entre son propre point de vue et les autres possibles, et non pas d'un individualisme qui détermine les relations avec autrui (comme dans la conception de Rousseau qui m'a eté de temps à autre attribuée, il s'agit d'une incompréhension surprenante, que, j'en suis sûr, ne partage pas Vygotsky).

Une fois ce point clarifié, il est évident que l'égocentrisme ainsi défini va au-delà de l'égocentrisme social que nous reprendrons plus tard lorsque nous parlerons du langage égocentrique. Son étendue apparaît notamment dans mes recherches sur la conception de la réalité chez l'enfant, qui montre un égocentrisme assez envahissant au niveau sensori-moteur. Par exemple, l'espace sensori-moteur est au début constitué de plusieurs espaces (bucal, tactilo-kinesthésique, etc.), centrés sur le corps propre ; à environ dix-huit mois, à travers un changement de perspective (*décentration*) comparable à la révolution copernicienne, l'espace devient un contenant unique et homogène dans lequel tous les objets ont une place, y compris le corps propre.

Tournons-nous maintenant vers ce qui dans ma conception de l'égocentrisme dérange le plus Vygotsky, à savoir ses liens avec le concept d'autisme de Bleuler et le « principe de plaisir » de Freud. Sur le premier point, Vygotsky, qui est un spécialiste de la schizophrénie, ne nie pas, contrairement à mes critiques français, qu'une certaine dose d'autisme est normale pour chacun (ce qu'admet aussi mon maître Bleuler). Il trouve simplement que j'ai trop insisté sur les ressemblances entre égocentrisme et autisme sans suffisamment mettre en évidence les différences — et en cela il a certainement raison. J'ai insisté sur les ressemblances dont Vygotsky ne nie pas l'existence, parce qu'elles me semblaient éclairer la genèse du jeu symbolique chez l'enfant (cf. *Jeu, rêves et imitation dans l'enfance*). Dans le jeu symbolique, nous pouvons souvent voir « la pensée non dirigée et autistique » dont parle Bleuler et que j'ai essayé d'expliquer par une prédominance de l'assimilation sur l'accommodation dans le jeu précoce de l'enfant.

En ce qui concerne le « principe de plaisir » que Freud considère comme génétiquement antérieur au « principe de réalité », Vygotsky a de nouveau raison quand il me reproche d'avoir accepté cet enchaînement simplifié sans critique suffisante. Le fait que tout comportement va dans le sens de l'adaptation et que celle-ci est toujours une forme d'équilibre (stable ou instable) entre assimilation et accommodation, nous permet (1) d'expliquer l'apparition précoce du principe de plaisir par l'aspect affectif de l'assimilation et sa fréquente prédominance, et (2) d'être d'accord avec Vygotsky sur le fait que l'adaptation à la réalité chemine main dans la main avec les besoins et le plaisir, puisque même lorsque l'assimilation prédomine, elle est accompagnée par l'accommodation.

D'un autre côté, je ne puis suivre Vygotsky lorsqu'il dit qu'une fois que j'ai séparé besoin et plaisir de leurs fonctions d'adaptation (ce que je ne crois pas avoir fait ou alors j'ai immédiatement corrigé cette erreur : cf. *La naissance de l'intelligence chez l'enfant*), je suis contraint de concevoir la pensée réaliste ou objective comme indépendante de besoins concrets, telle une pensée pure qui cherche uniquement sa propre satisfaction. Sur ce point, tous mes travaux ultérieurs sur le développement des opérations intellectuelles en dehors de l'action et sur celui des structures logiques à partir de la coordination des actions mettent en évidence que je ne sépare pas pensée et comportement. Certaines fois, il est vrai, j'ai l'impression que les racines des opérations logiques s'enfoncent plus profondément que les connexions linguistiques et que mes premières études de la pensée étaient trop centrées sur les aspects linguistiques. Cela nous conduit au deuxième point.

## Discours égocentrique

Il n'y a pas lieu de croire que l'égocentrisme cognitif, marqué par une centration préférentielle inconsciente, ou par un manque de différenciation des points de vue, n'a pas d'application dans le champ des relations interpersonnelles, en particulier de celles exprimées dans le langage. Pour prendre un exemple à partir de la vie adulte, tout professeur novice découvre tôt ou tard que ses premiers cours étaient incompréhensibles, parce qu'il parlait à lui-même attentif uniquement à son propre point de vue. Il réalise seulement graduellement et avec difficulté qu'il n'est guère facile de se mettre soi-même à la place des étudiants qui ignorent généralement ce qu'il sait sur le sujet de son cours. Comme second exemple, nous pouvons prendre l'art de la discussion qui consiste principalement à adopter le point de vue de son partenaire afin d'essayer de le convaincre sur son propre terrain. Sans cette capacité, la discussion est inutile — comme c'est souvent le cas, particulièrement entre psychologues !

C'est pour cette raison qu'en essayant d'étudier les relations entre langage et pensée à partir des modifications cognitives de centration (*centrations et décentration*), j'ai voulu voir s'il existait ou non un discours égocentrique particulier qui se distinguerait d'un discours co-opératif. Dans mon premier livre sur le langage et la pensée chez l'enfant, j'ai consacré trois chapitres à ce problème (j'ai regretté depuis d'avoir publié ce livre en premier, car j'aurais été mieux compris si j'avais commencé par *La conception du monde chez l'enfant* qui était en cours). Dans le second de ces chapitres, j'ai étudié les conversations et spécialement les arguments développés entre les enfants afin de mettre en lumière leurs difficultés à aller au-delà de leur propre point de vue. Le premier traite des résultats d'une petite expérimentation concernant la compréhension mutuelle des enfants lors d'une tentative d'explication causale, ce qui m'a permis de vérifier mes observations. Pour expliciter ces faits qui me paraissent importants, j'ai présenté dans le premier chapitre un inventaire du discours spontané chez l'enfant, en essayant de distinguer les monologues et les « monologues collectifs » des communications adaptées, en caressant l'espoir de trouver de cette manière une sorte de mesure de l'égocentrisme verbal. Le résultat surprenant que je ne pouvais prévoir, fut que tous les adversaires de la notion d'égocentrisme (et ils sont légion !) ont choisi pour leurs attaques le premier chapitre seulement, sans attacher une quelconque importance aux deux suivants et par conséquent, comme je le crois de plus en plus, sans comprendre la signification réelle de ce concept. Un critique alla même si loin qu'il prit comme mesure du discours égocentrique le nombre de phrases dans lesquelles l'enfant se parle à lui-même, comme si à chaque fois que l'on se parle à soi-même il s'agissait d'égocentrisme ! Dans un autre excellent essai sur le langage (paru dans le *Manuel of Child Psychology* de L. Charmichael), D. McCarthy concluait que le long débat sur le sujet avait été inutile, mais sans donner aucune explication sur la signification réelle et l'étendue du concept d'égocentrisme verbal.

Avant de retourner à Vygotsky, j'aimerais développer moi-même ce qui me paraît rester important dans les faits positifs et négatifs rassemblés par mes quelques disciples et par mes nombreux opposants.

1. La mesure du discours égocentrique a montré qu'il y a de très grandes variations environnementales et situationnelles. Elles sont telles que, contrairement à mes premières espérances, les mesures nous donnent pas d'indication valide sur l'égocentrisme intellectuel ou même sur l'égocentrisme verbal.

2. Le phénomène lui-même, dont nous avons voulu tester la fréquence relative à différents niveaux du développement, aussi bien que son déclin avec l'âge, n'a

jamais été discuté parce qu'il a rarement été compris. Lorsqu'il est considéré en termes de centration déformante de l'action propre et de décentration ultérieure, le phénomène montre qu'il est beaucoup plus marqué dans l'étude des actions elles-mêmes et de leur intériorisation sous la forme d'opérations mentales que dans le champ du langage. Cependant, il reste possible qu'une étude plus systématique des discussions d'enfants, et spécialement du comportement orienté vers la vérification et la preuve (et accompagné du discours), puisse fournir des indices métriques valides.

Ce long préambule me paraissait nécessaire pour mettre en évidence mon respect à l'égard de la position de Vygotsky sur l'issue du discours égocentrique, bien que je ne puisse être d'accord avec lui sur tous les points. Premièrement, Vygotsky se rendait compte qu'un réel problème était en jeu et pas uniquement une question de statistique. Deuxièmement, il vérifia lui-même les faits en question, au lieu de les supprimer par les artifices de la mesure ; ses observations sur la fréquence du discours égocentrique chez l'enfant lorsque son activité est bloquée et la décroissance d'un tel discours durant la période où commence à se former le discours intérieur soit d'un grand intérêt. Troisièmement, il a proposé une nouvelle hypothèse : le discours égocentrique est le point de départ du développement du discours intérieur, que l'on trouve à un stade plus tardif du développement, et ce langage intériorisé peut servir à la fois des fins autistiques et la pensée logique. Je suis en parfait accord avec ces hypothèses.

D'un autre côté, je pense que Vygotsky a omis de suffisamment considérer l'égocentrisme lui-même comme l'obstacle majeur à la co-ordination des points de vue et à la co-opération. Vygotsky me reproche avec raison de ne pas insister plus, dès le départ, sur l'aspect fonctionnel de ces questions. D'accord, mais j'y suis revenu plus tard. Dans *Le jugement moral chez l'enfant,* j'ai étudié les jeux de groupes d'enfants (le jeu de billes, etc.) et remarqué qu'avant l'âge de sept ans, ils ne savent pas comment co-ordonner les règles durant le jeu, de telle sorte que chacun joue pour lui-même, et que tous gagnent, sans comprendre que le but du jeu est la compétition. R.F. Nielsen, qui a étudié des activités de collaboration (construire ensemble, etc.), trouve *dans le champ de l'action elle-même* toutes les caractéristiques que j'ai relevées en ce qui concerne le langage (1951). Il existe par conséquent un phénomène général que, me semble-t-il, Vygotsky a négligé.

En bref, lorsque Vygotsky conclut que la fonction précoce du langage doit être celle d'une communication globale et que le discours ultérieur se différencie en discours égocentrique et en discours communicatif au sens propre, je crois que je suis d'accord avec lui. Mais lorsqu'il maintient que ces deux formes linguistiques sont toutes deux également socialisées et diffèrent seulement par leur fonction, je ne puis le suivre, car le terme *socialisé* devient ambigu dans ce contexte : si un individu A croit faussement qu'un individu B pense la même chose que lui, et s'il ne réussit pas à comprendre la différence entre les deux points de vue, c'est, j'en suis sûr, un comportement social dans le sens d'un contact entre les deux, mais je considère qu'un tel comportement est inadapté du point de vue de la co-opération intellectuelle. Ce point de vue est le seul aspect du problème qui m'a concerné, mais qui ne semble pas avoir intéressé Vygotsky.

Dans son excellent travail sur les jumeaux, R. Zazzo pose clairement le problème (1960). Selon lui, la difficulté dans la notion de discours égocentrique provient de la confusion de deux significations que, pense-t-il, j'aurais dû séparer : (a) le discours incapable d'une réciprocité rationnelle, et (b) le discours « sans signification pour autrui ». Mais c'est un fait que du point de vue de la co-opération intellectuelle, qui seul m'intéresse, les deux reviennent au même. Autant que je sache, je n'ai jamais parlé d'un discours « sans signification pour autrui » ; j'aurais été mal compris, parce que j'ai toujours reconnu que l'enfant pense qu'il parle aux autres et qu'il se fait comprendre. Ma position est simplement que dans le discours égocentrique, l'enfant parle pour lui-même (dans le sens ou un lecteur peut parler « pour lui-même », bien qu'il destine ses mots à ses auditeurs). Zazzo, citant un de mes écrits, qui est de fait assez clair, me répond sérieusement que l'enfant ne parle pas « pour lui-même » mais « selon lui-même »... D'accord ! Remplaçons « pour lui-même » par « selon lui-même » dans tous mes écrits. Je pense que cela ne changerait absolument rien à la seule signification valable de l'égocentrisme, à savoir le manque de décentration, de capacité à modifier sa perspective mentale, dans les relations sociales aussi bien que dans d'autres. En outre, je pense que c'est précisément la coopération avec d'autres (sur le plan cognitif) qui nous apprend à parler « selon » les autres et pas uniquement de notre propre point de vue.

## II

Mes commentaires sur la secode partie des réflexions de Vygotsky à propos de mon œuvre, dans son chapitre 6, seront plus simples, car je crois être plus en accord avec lui sur ces points. Principalement, parce que mes livres ultérieurs, qu'il ne connaît pas, répondent aux questions qu'il soulève, ou en tout cas à la plupart.

### Concepts spontanés, apprentissage scolaire et concepts scientifiques

Ce fut une réelle joie pour moi de découvrir, dans son livre, que Vygotsky approuve la façon dont j'ai distingué, à des fins d'étude, les concepts spontanés des concepts non-spontanés : certains auraient pu craindre qu'un psychologue plus attentif aux problèmes de l'apprentissage scolaire que nous aurait pu tendre à sous-estimer la part du processus continu de structuration dans le développement de l'activité mentale de l'enfant. Il est vrai que lorsque plus tard Vygotsky m'accuse d'avoir trop insisté sur cette distinction, je me suis dit qu'il reprenait ce qu'il venait juste de m'accorder. Mais lorsqu'il explicite mieux sa critique, en disant que les concepts non-spontanés aussi reçoivent une « empreinte » de la mentalité de l'enfant dans le processus de leur acquisition et qu'une « interaction » entre concepts spontanés et concepts appris doit d'abord avoir lieu, je me suis senti une fois de plus en complet accord avec lui. En fait Vygotsky me comprend mal quand il pense que de mon point de vue la pensée spontanée de l'enfant doit être connue des éducateurs uniquement comme on doit connaître un ennemi pour mieux le combattre. Dans tous mes écrits pédagogiques, anciens ou récents (1956), j'ai, au contraire, insisté sur le fait que l'éducation formelle gagnerait beaucoup, bien plus qu'actuellement les méthodes ordinaires, d'une utilisation systématique du développement mental spontané de l'enfant.

Mais au lieu de discuter dans l'abstrait ces quelques points essentiels, intéressons-nous à ce qui me semble révéler notre accord fondamental. Lorsque Vygotsky concluait de ses réflexions sur mes premiers livres que la tâche essentielle du psychologue de l'enfance est d'étudier la formation des concepts scientifiques en suivant pas à pas le processus se déroulant sous nos yeux, il était à cent lieux de penser que c'était exactement mon projet. Avant qu'apparaissent mes premiers livres, j'avais déjà un texte manuscrit, écrit en 1920, d'une étude que j'avais faite sur la construction des correspondances numériques chez l'enfant. Tel était donc mon projet, pour lequel mes travaux sur le langage et la pensée, le jugement et le raisonnement n'étaient rien de plus qu'une introduction. En collaboration avec A. Szeminska et particulièrement avec B. Inhelder, j'ai publié plus tard une série d'études portant sur le développement du concept de nombre, des quantités physiques, sur le mouvement, la vitesse et le temps, sur l'espace, sur le hasard, sur l'induction des lois physiques, et sur les structures logiques de classes, relations et propositions — en résumé, la plupart des concepts scientifiques de base.

Regardons ce que ces résultats révèlent sur les relations entre apprentissage et développement, puisque c'est sur cette question que Vygotsky croit être en désaccord avec moi, bien que de fait il diffère seulement en partie, et non dans le sens où il l'imagine, mais au contraire dans le sens opposé.

Prenons comme exemple particulier l'enseignement de la géométrie. A Genève, en France et partout ailleurs, il présente trois particularités : (1) il commence tard, habituellement à l'âge de onze ans, contrairement à l'arithmétique qui est enseignée depuis l'âge de sept ans ; (2) dès le début il est spécifiquement géométrique ou métrique sans passer d'abord par une phase qualitative dans laquelle les opérations spatiales seraient réduites aux opérations logiques, selon un continuum ; (3) il suit l'ordre historique des découvertes — la géométrie euclidienne est enseignée d'abord, la géométrie projective beaucoup plus tard, et la topologie seulement à la fin de l'université. On sait maintenant que la géométrie théorique moderne part des structures topologiques, desquelles, selon des méthodes parallèles, on dérive les structures projectives et euclidiennes. En outre, on sait que la géométrie théorique est basée sur la logique, et finalement qu'il y a de plus en plus de connexions entre des considérations d'ordre géométrique, algébrique ou numérique. Si, comme le propose Vygotsky, nous observons le développement des opérations géométriques chez l'enfant, nous découvrons qu'il suit un parcours bien plus proche de l'esprit de la géométrie théorique que de l'enseignement académique traditionnel : (1) l'enfant construit ses opérations spatiales en même temps que ses opérations numériques, avec une grande interaction entre elles (il y a en particulier un remarquable parallélisme entre la construction du nombre et des mesures de quantité continue) ; (2) les premières opérations géométriques de l'enfant sont essentiellement qualitatives et entièrement parallèles à ses opérations logiques (ordre, inclusion de classe, etc.) ; (3) les premières structures géométriques que découvre l'enfant sont essentiellement de nature topologique, et c'est à partir de là, mais de façon parallèle, qu'il construit les structures élémentaires projectives et euclidiennes.

A partir de tels exemples, que l'on pourrait multiplier, il devient aisé de répondre aux commentaires de Vygotsky. Premièrement, il me reproche de considérer l'apprentissage scolaire comme inessentiel par rapport au développement spontané de l'enfant. Il apparaît clairement qu'à mon avis ce n'est pas l'enfant qui doit être blâmé pour d'éventuels conflits, mais l'école, ignorante qu'elle est de l'utilisation qu'elle pourrait faire du développement spontané de l'enfant, qu'elle devrait renforcer par des méthodes adéquates, au lieu de l'inhiber, comme elle le fait souvent. Deuxièmement — et c'est la principale erreur de Vygotsky dans l'interprétation de mes travaux — il pense que selon ma théorie la pensée adulte, après différents compromis, « supplante » graduellement la pensée de l'enfant, à travers une sorte « d'abolition mécanique » de cette dernière. Aujourd'hui, on m'accuse beaucoup plus souvent de considérer le développement spontané comme tendant à aller de lui-même dans la direction des structures logico-mathématiques de l'adulte, comme si cela constituait son idéal prédéterminé !

Tout cela soulève deux problèmes, que formule Vygotsky, mais pour la solution desquels nous différons quelque peu. Le premier concerne « l'interaction entre concepts spontanés et non-spontanés ». Cette interaction est beaucoup plus complexe que ne le croit Vygotsky. Dans de nombreux cas, ce qui est transmis par l'enseignement est bien assimilé par l'enfant, parce que cela représente en fait une extension de quelques constructions spontanées réalisées par lui-même. Dans de telles circonstances son développement est accéléré. Mais dans d'autres circonstances, les apports de l'enseignement sont présentés trop tôt ou trop tard, ou d'une manière qui exclut l'assimilation, parce qu'ils ne sont pas adaptés aux constructions spontanées de l'enfant. Ensuite le développement de l'enfant est entravé, ou même se dessèche, comme cela apparaît souvent dans l'enseignement des sciences exactes. Je ne pense pas, contrairement à Vygotsky, que les nouveaux concepts, même au niveau scolaire, soient toujours acquis à travers l'intervention didactique de l'adulte. Cela peut se passer, mais il y a une forme bien plus productive d'enseignement : celle appelée école « active » qui s'efforce de créer des situations, qui si elles ne sont pas « spontanées » en elles-mêmes, évoquent une élaboration spontanée de la part de l'enfant, et où l'on cherche à la fois à susciter son intérêt et à présenter le problème d'une façon telle qu'il corresponde aux structures qu'il a lui-même construites.

Le second problème, qui est en fait une extension du premier à un niveau plus général, consiste en la relation entre concepts spontanés et notions scientifiques en tant que telles. Dans le système de Vygotsky, la « clé » de ce problème est que « les concepts scientifiques et spontanés partent de différents points et se rencontrent éventuellement ». Sur ce point nous sommes en complet accord, si il entend qu'une vraie rencontre prend place entre la sociogenèse des notions scientifiques (dans l'histoire de la science et dans la transmission de la connaissance d'une génération à une autre) et la psychogenèse des structures spontanées » (influencées, bien sûr, par une interaction avec le milieu social, familial, scolaire, etc.), et pas simplement que la psychogenèse est entièrement déterminée par la culture historique ambiante. En écrivant cela, je ne pense pas faire dire à Vygotsky plus qu'il n'aurait voulu, puisqu'il admet la part de spontanéité dans le développement. Il reste à déterminer en quoi consiste cette part.

## Opération et généralisation

Les quelques divergences qui subsistent entre Vygotsky et moi portent peut-être sur la nature des activités spontanées. Mais ce différend est plus une extension de celui que nous avons relevé concernant l'égocentrisme et le rôle de la décentration dans le progrès du développement mental.

Par rapport au décalage temporel dans l'émergence de la conscience, nous sommes d'accord, excepté le fait que Vygotsky ne croit pas que le manque de conscience soit un résidu de l'égocentrisme. Considérons les solutions qu'il propose : (1) le développement tardif de la conscience serait simplement le résultat de la «loi » bien connue selon laquelle conscience et contrôle apparaissent seulement à la fin du développement d'une fonction ; (2) la conscience est d'abord limitée aux résultats des actions et seulement plus tard s'étend au « comment », c'est-à-dire, à l'opération elle-même. Ces deux affirmations sont correctes, mais elles décrivent les faits sans les expliquer. L'explication commence lorsqu'on comprend qu'un sujet dont la perspective est déterminée par son action n'a aucune raison d'être conscient de quelque chose excepté de ses résultats ; d'un autre côté se décentrer, c'est-à-dire déplacer son centre et comparer une action avec d'autres possibles, particulièrement avec les actions d'autres personnes, conduit à une conscience du « comment » et aux vraies opérations.

La différence de perspective entre un simple schéma linéaire tel que le propose Vygotsky et un schéma de décentration est beaucoup plus évidente lorsque l'on pose la question du moteur principal du développement intellectuel. Il semblerait, selon Vygotsky (bien que je ne connaisse pas le reste de son œuvre), que le facteur principal devrait être cherché dans une généralisation des perceptions, le processus de généralisation étant suffisant en lui-même pour rendre conscientes les opérations mentales. De notre part, en étudiant le développement spontané des notions scientifiques, nous sommes parvenus à considérer comme facteur central le processus réel de construction des opérations, qui consiste en l'intériorisation d'actions devenant réversibles et coordonnées elles-mêmes dans des modèles de structures soumises à des lois bien définies. Le progrès de la généralisation est seulement le résultat de cette élaboration des structures opérationnelles et celles-ci dérivent non de la perception mais de l'action dans son ensemble.

Vygotsky était proche de la solution lorsqu'il disait que syncrétisme, juxtaposition, insensibilité à la contradiction, et autres caractéristiques du niveau de développement que nous appelons aujourd'hui *pré-opérationnel* (de préférence à *prélogique*), étaient dues à l'absence d'un système ; car en fait l'organisation de systèmes est l'achèvement essentiel marquant la transition de l'enfant vers le niveau du raisonnement logique. Mais ces systèmes ne sont pas simplement le produit de la généralisation : ils constituent des structures opérationnelles multiples et différenciées, dont nous avons appris à suivre pas à pas l'élaboration graduelle chez l'enfant.

Un petit exemple de cette différence dans nos points de vue est fourni par les commentaires de Vygotsky sur l'inclusion de classe. En lisant, on a l'impression que l'enfant découvre l'inclusion par un mélange de généralisation et d'apprentissage : qu'en apprenant à utiliser les mots *rose* et ensuite *fleurs*, il juxtapose d'abord les deux, mais aussitôt qu'il réalise la généralisation « toutes les roses sont des fleurs » et qu'il découvre que le contraire n'est pas vrai, il réalise que la classe des roses est inclue dans la classe des fleurs. Pour avoir étudié de près de tels problèmes (Piaget & Szeminska 1941 ; Inhelder & Piaget 1959), nous savons combien la question est plus complexe. Même s'il affirme que toutes les roses sont des fleurs et que toutes les fleurs ne sont pas des roses, un enfant est tout d'abord incapable de conclure qu'il y a plus de fleurs que de roses. Pour achever l'inclusion, il doit organiser un système opérationnel tel que A (roses) + A' (fleurs autres que des roses) = B (fleurs) et que A = B-A', en conséquence A<B ; la réversibilité de ce système est un préréquis pour l'inclusion.

Je n'ai pas discuté dans ces commentaires la question de la socialisation comme condition du développement intellectuel, bien que Vygotsky la relève souvent. De mon point de vue actuel, mes premières formulations sont moins pertinentes, car la prise en considération des opérations et de la décentration contenues dans les structures opératoires éclaire la question d'une lumière nouvelle. Toute pensée logique est socialisée parce qu'elle implique la possibilité d'une communication entre individus. Mais de tels échanges interpersonnels procèdent à partir de correspondances, réunions, intersections, et réciprocités, c'est-à-dire, à travers les opérations. Il y a ainsi identité entre les opérations intra-individuelles et inter-individuelles qui constituent la *co-opération* au sens propre et quasi étymologique du mot. Les actions, qu'elles soient individuelles ou interpersonnelles, sont par essence co-ordonnées et organisées par les structures opératoires qui se construisent spontanément dans le cours du développement mental.

*Note*

*Le professeur Piaget écrivit ces commentaires après avoir lu le manuscrit du chapitre 2 et des extraits du chapitre 6 de *Pensée et langage* de Vygotsky. Ses commentaires ont été traduit du français par le Docteur Anne Persons. Le manuscrit original en français étant introuvable, Catherine Haus a retraduit le texte anglais en français.

# 7. La médiation sémiotique de la vie mentale : L.S. Vygotsky et M.M. Bakhtine*

James V. Wertsch
Northwestern University

Il y a plusieurs dizaines d'années, le psychologue et sémioticien L.S. Vygotsky (1896-1934) proposait une description du fonctionnement mental qui commence maintenant à être appréciée. Un principe fondamental de son approche est que chez l'être humain les processus mentaux supérieurs sont profondément influencés par les moyens socio-culturels qui les médiatisent. En s'appuyant sur les analyses de Marx et Engels et sur les recherches des linguistes, des anthropologues et des psychologues de son époque, Vygotsky a examiné les systèmes d'instruments et de signes qui jouent un rôle dans l'organisation des processus mentaux de l'homme. Durant les dix dernières années de sa vie, période où il a réalisé la majeure partie de ses recherches sur ces problèmes, Vygotsky n'a cessé de réviser sa conception de la médiation sémiotique. Profondément influencé au début de ses travaux par la psychophysiologie pavlovienne, il a progressivement changé d'orientation pour s'intéresser aux significations des systèmes de signes historiquement évolués. Vers la fin de sa vie, la notion de médiation sémiotique est devenue l'élément central de sa théorie psychologique, celle dont dérivent tous les autres aspects ; comme il l'écrivait en 1933 « le fait central dans notre psychologie est le fait de la médiation » (1982, p. 166).

Le but de cet article n'est pas de recenser tous les aspects du fonctionnement mental supérieur médiatisé que Vygotsky a envisagés. Je traiterai au contraire un point précis : l'analyse des propriétés des mécanismes sémiotiques qui influencent la nature des processus mentaux supérieurs. Pour introduire ce sujet, il me faut cependant clarifier deux autres points de son cadre théorique : 1) son affirmation selon laquelle la maîtrise du système des signes culturels passe par la transformation des processus mentaux de l'individu ; 2) son affirmation que le fonctionnement mental supérieur a des origines sociales et que sa nature elle-même est sociale.

Vygotsky est parti de l'hypothèse que la maîtrise du langage et des autres systèmes de signes culturels n'est pas le seul facteur qui rende compte de l'émergence des processus mentaux supérieurs tels que la pensée (c'est-à-dire le raisonnement ou la résolution de problèmes, pour employer la terminologie des psychologues cognitivistes contemporains), la mémoire logique et l'attention volontaire. Il a au contraire développé l'idée que la maîtrise du système des signes transforme les formes existantes du fonctionnement mental. Ces formes sont les « processus mentaux élémentaires » qui, ontogénétiquement, proviennent du capital génétique de l'espèce, de la maturation biologique et de l'expérience individuelle qu'a l'enfant de son environnement physique. Par rapport aux connaissances actuelles, la conception vygotskienne de ces processus est très peu sophistiquée en ce qu'elle méconnaît le développement sensori-moteur complexe dont Piaget (1936), Bower (1975) et bien d'autres ont fourni de nombreuses preuves. Cependant, dans la formulation de son cadre théorique général, Vygotsky a explicitement déclaré que les processus mentaux élémentaires constituent la base à partir de laquelle s'opère le développement du fonctionnement mental supérieur médiatisé sémiotiquement.

« Partons du principe qui nous paraît fondamental dans cette analyse des fonctions mentales supérieures, à savoir que les formes culturelles du comportement ont des fondements naturels. La culture ne crée rien, elle modifie seulement les données naturelles en les rendant conformes aux buts que se forgent les êtres humains » (Vygotsky, 1960, p. 200).

L'idée générale de Vygotsky était que la maîtrise des signes ou « des instruments psychologiques » modifie qualitativement le fonctionnement mental : au lieu de se développer selon les principes de la maturation organique ou selon les principes biologiques généraux (tels l'accommodation ou l'assimilation, au sens piagétien de ces termes), l'ontogenèse des processus mentaux est en fait gouvernée par l'organisation des systèmes de signes. Cette nouvelle forme de développement doit certes se réaliser en tenant compte des contraintes que fait peser sur elle la nature des processus mentaux élémentaires, mais on ne peut l'expliquer par les seuls principes qui gouvernent le développement des processus élémentaires. Comme l'a dit Vygotsky :

« Intégré dans le processus comportemental, l'instrument psychologique modifie le déroulement et la structure des fonctions psychiques, en déterminant, par ses propriétés, la structure du nouvel acte instrumental, tout comme l'instrument technique modifie le processus d'adaptation naturelle en déterminant les formes des opérations de travail » (cf. texte 2 dans cet ouvrage).

En avançant de telles idées, Vygotsky exprimait son intérêt primordial pour l'instrument psychologique que constitue le langage. Dans ses études ontogénétiques, il a accordé une attention particulière au pouvoir de transformation du système des signes linguistiques.

« ... *le moment le plus significatif au cours du développement intellectuel, qui donne naissance aux formes purement humaines de l'intelligence pratique et de l'intelligence abstraite, se produit lorsque convergent le langage et l'activité pratique, deux composantes du développement jusque-là complètement indépendantes.* Bien que durant la période préverbale l'utilisation des outils soit comparable chez les enfants et chez les singes, dès que la parole et l'usage des signes sont intégrés dans l'action, celle-ci se transforme et s'organise de façon totalement nouvelle » (Vygotsky, 1978 a, p. 24).

Ayant recours à une méthode génétique ou développementale, Vygotsky a fait l'hypothèse que la seule façon de découvrir la nature d'un tel fonctionnement chez l'individu consistait à remonter à ses origines. Ce qui l'a conduit à poser que le fonctionnement mental supérieur de l'individu prend ses racines dans les processus sociaux. Comme pour Marx et Engels sa position s'applique aussi à l'histoire socio-culturelle, et il a tellement insisté sur ce point qu'en U.R.S.S. on qualifie souvent son approche de « socio-historique » ou « culturo-historique » (Smirnov, 1975). Cependant, il a consacré ses recherches les plus détaillées à l'ontogenèse, et a formulé à ce propos une « loi génétique générale de développement culturel ».

« Chaque fonction apparaît deux fois, ou à deux niveaux, dans le développement culturel (c'est-à-dire supérieur) de l'enfant. D'abord elle apparaît au niveau social, ensuite au niveau psychologique. D'abord elle se manifeste au niveau interpersonnel en tant que catégorie interpsychologique, ensuite au niveau de l'enfant en tant que catégorie intrapsychologique. Il en va de même de l'attention volontaire, de la mémoire logique, de la formation des concepts et du développement de la volonté » (Vygotsky, 1981 a, p. 163).

Ainsi, pour Vygotsky, le passage du fonctionnement mental élémentaire au fonctionnement mental supérieur comporte deux étapes : passage de l'activité individuelle à l'activité sociale puis retour à l'activité individuelle. Cependant, la nature de l'activité mentale individuelle est très différente dans les deux cas. La première forme des processus mentaux individuels est le fonctionnement mental élémentaire qui provient du capital génétique de l'espèce, de la maturation biologique et de l'expérience individuelle qu'a l'enfant de son environnement physique ; comme on l'a déjà noté, ce type de fonctionnement se transforme par l'incorporation de la médiation sémiotique dans l'activité. Pour Vygotsky cette transformation commence sur le plan *inter*psychologique pour ensuite, grâce à la maîtrise et à l'intériorisation, se déplacer au plan *intra*psychologique. Cela ne veut pas dire que les individus parvenus à maturité peuvent fonctionner seulement comme des agents isolés, indépendants, puisque de toute évidence ils continuent, au niveau interpsychologique, à se livrer à des interactions sociales et à avoir des activités de résolution de problèmes, de mémorisation, etc. Mais cela signifie qu'une grande partie du fonctionnement mental individuel de l'enfant plus âgé et de l'adulte a son origine dans l'activité sociale.

Pour Vygotsky, cela signifie également que la forme de ce fonctionnement individuel ultérieur est profondément influencée par ses origines sociales.

« ... toutes les fonctions mentales supérieures sont des relations sociales interiorisées... Leur organisation, leur structure génétique et leurs moyens d'action — en un mot, leur nature entière — est sociale. Même les processus mentaux (internes, individuels) conservent une nature quasi-sociale. Dans leur propre sphère privée, les êtres humains conservent les fonctions de l'interaction sociale » (Vygotsky, 1981 a, p. 164).

## Les propriétés des moyens de médiation

La description que donne Vygotsky de la médiation sémiotique repose sur la distinction entre deux tendances opposées se manifestant dans l'organisation et l'utilisation du langage chez l'homme. D'une part, le langage peut être utilisé dans la réflexion abstraite, decontextualisée. Cet aspect a conduit l'auteur à étudier le développement des concepts, la catégorisation, le raisonnement syllogistique et scientifique et à s'attacher à la décontextualisation de la signification (*znachenie*) des mots. D'autre part, un versant de l'organisation linguistique est enraciné dans la contextualisation. C'est pourquoi Vygotsky a examiné en quoi la structure et l'interprétation des phrases dépendent des relations qu'elles entretiennent avec leurs contextes extralinguistique et intralinguistique. Et c'est cet aspect de son analyse sémiotique qui a fourni la base de sa conception du langage intérieur et du « sens » (*smysl*).

Au premier abord, il peut sembler que ces deux aspects reposent sur des hypothèses contradictoires quant à la nature du langage. Après tout, la décontextualisation est le contraire de la contextualisation. En fait, si les deux tendances *sont* en opposition, elles agissent néanmoins simultanément sur la structure et l'interprétation du langage. L'organisation d'énoncés particuliers peut être dominée par l'une de ces forces, mais l'autre s'y reflète également presque toujours. (1).

**La médiation sémiotique décontextualisée**

La présentation que fait Vygotsky de la signification decontextualisée débute par une remarque de Sapir (1921 ; cf. Lee, 1985) à propos du lien essentiel entre catégorisation généralisée et communication humaine. A ce propos, Vygotsky écrivait :

« Pour transmettre une expérience ou un contenu de conscience à quelqu'un, il n'y a pas d'autre moyen que d'attribuer ce contenu à une classe connue, à un groupe connu de phénomènes, et ceci — nous le savons — fait nécessairement appel à la *généralisation*. Il en résulte que *l'interaction sociale présuppose nécessairement la généralisation et le développement de la signification des mots,* qu'en d'autres termes, la généralisation devient impossible lorsqu'il y a développement de l'interaction sociale. Ainsi, les formes supérieures spécifiquement humaines de l'interaction psycho-sociale ne sont possibles que parce que seule la pensée de l'être humain reflète la réalité d'une façon généralisée » (1956, p. 51).

Cette remarque se rapporte directement à l'affirmation de Vygotsky sur les origines sociales et la nature du fonctionnement mental supérieur, puisque la signification généralisée (catégorielle) des mots est nécessairement liée à « l'interaction psycho-sociale » (contrairement, par exemple, à la contagion des émotions caractéristique de certaines formes de communication animale). C'est pourquoi, en raison des exigences du fonctionnement interpsychologique (en particulier chez les membres les plus évolués d'une culture), on invite l'enfant à maîtriser la signification des mots.

L'existence d'une catégorisation généralisée telle qu'elle se reflète dans le fonctionnement interpsychologique n'est que la première étape des réflexions de Vygotsky sur la signification des mots hors-contexte. Ultérieurement, il s'est intéressé à la capacité qu'a l'être humain de réflechir sur les catégories ou d'effectuer sur elles des opérations abstraites. Bien qu'il ne cite pas Sapir à ce propos, sa pensée rejoint celle de cet auteur qui écrivait :

« Le langage peut être envisagé comme un instrument capable de servir toute une gamme d'emplois psychologiques. Son flux n'accompagne pas seulement celui du contenu intérieur de la conscience, mais il l'accompagne à différents niveaux, qui vont de l'état d'esprit dominé par des images particulières à celui où les concepts abstraits et leurs relations sont le seul objet de l'attention et qu'on appelle généralement raisonnement. Ainsi, seule la forme extérieure du langage est constante ; sa signification interne, sa valeur psychique, son intensité, varie librement selon l'attention ou l'intérêt sélectif de l'esprit et aussi, inutile de le dire, selon le développement intellectuel général. Du point de vue du langage, on peut définir la pensée comme le contenu latent ou potentiel le plus élevé du langage, le contenu que l'on atteint en interprétant chacun des éléments du flux du langage comme porteur de sa valeur conceptuelle la plus complète » (1921, p. 14-15).

Pour Vygotsky également, le raisonnement abstrait comporte la reconnaissance et la manipulation de niveaux de plus en plus élevés de ce que Sapir appelait « le contenu latent ou potentiel du langage ». Il a développé maintes fois cette argumentation à propos du développement des concepts de « scientifique » (*nauchnye*) et d'« authentique » au cours de l'ontogenèse, mais quelques-uns de ses commentaires les plus intéressants à ce sujet ont été suscités par les travaux qu'il a réalisés sur des adultes avec son collègue A. Luria en Asie centrale. Vygotsky et Luria ont comparé les performances d'adultes analphabètes dans une série de tâches de raisonnement (catégorisation d'objets familiers) à celles de sujets qui avaient juste appris à lire au cours de la période de collectivisation dans les années 30. Luria (1976, 1982) a trouvé quelques différences importantes entre les analphabètes et les autres sujets quant à leur emploi des processus de raisonnement abstrait (c'est-à-dire décontextualisés) ; les sujets qui avaient appris à lire dans des situations formelles d'éducation parvenaient à utiliser des catégories abstraites, alors que les sujets qui n'avaient pas bénéficié d'une telle expérience avaient beaucoup plus de mal à le faire.

Par exemple, Luria (1979) a rapporté que dans une tâche requérant la catégorisation d'objets familiers (scie, cognée, marteau, rondin), les paysans de l'Ouzbékistan avaient fortement tendance à grouper les éléments sur la base des ensembles des contextes concrets qui leur étaient familiers. Ce type de réponse persistait souvent malgré les tentatives répétées de l'expérimentateur pour susciter des réponses basées sur des catégories abstraites (décontextualisées). Ces catégories, quant à elles, étaient fondées sur les significations des mots et sur les relations entre les significations des mots (par exemple, le fait qu'*outil* est un mot qui englobe *scie, marteau* et *cognée* mais non *rondin*). Les patterns de réponses ont suggéré à Luria les réflexions suivantes :

« La tendance à s'appuyer sur les actions exécutées dans la vie pratique a été le facteur de contrôle des réponses chez les analphabètes et les sujets non scolarisés... Les sujets un peu plus éduqués ont employé la classification catégorielle comme méthode de groupement des objets, même s'ils n'avaient été scolarisés que pendant un ou deux ans. Par exemple, quand nous leur demandions d'indiquer, parmi les objets suivants —

verre, poêle, lunettes, bouteille — ceux qui allaient ensemble, ils répondaient immédiatement : « le verre, les lunettes et la bouteille. Ils sont en verre, mais la poêle est en métal. » (1979, p. 71).

Ici l'argument de Vygotsky et Luria concerne donc le processus de réflexion sur les significations de mots hors contexte. Le « contenu latent ou potentiel du langage » est une condition nécessaire mais non suffisante pour l'apparition de cette forme de raisonnement abstrait. Il faut en outre interpréter « chacun des éléments du flux du langage comme porteur de sa valeur conceptuelle la plus complète ». Cette tendance générale à « la décontextualisation des moyens médiationnels » (Wertsch, 1985) est l'idée capitale de Vygotsky dans ses réflexions sur le changement au cours de l'histoire socioculturelle (voir par exemple Vygotsky et Luria, 1930). En tant que principe d'explication des changements génétiques dans l'histoire sociale, il s'oppose aux processus de l'évolution organique au cours de la phylogenèse et aux forces interactives du développement naturel et culturel au cours de l'ontogenèse.

Je le répète, je ne présente ici qu'une partie des réflexions de Vygotsky à propos de l'organisation sémiotique et de son influence sur le fonctionnement mental supérieur. Je veux simplement montrer que cet aspect de l'analyse de Vygotsky motive une partie de sa conception des fonctions mentales supérieures. En effet, il a isolé un mécanisme spécifique (la décontextualisation des moyens médiationnels) qui rend compte de l'émergence et du développement ultérieur du raisonnement abstrait, réflexif.

Lorsqu'on oppose moyens médiationnels décontextualisés et contextualisés, il faut envisager la question essentielle des unités fondamentales d'analyse. Sur ce point, Vygotsky et Sapir diffèrent. S'inscrivant dans la tradition des philologies russe et européenne, Vygotsky a fait l'hypothèse que le mot constitue l'unité fondamentale d'analyse ; pour Sapir, au contraire, cette unité est la proposition ou son codage linguistique, la phrase. Cette position est en rapport étroit avec la place que Sapir a accordé aux relations grammaticales, alors que Vygotsky ne les a jamais intégrées dans sa conception. Comme Silverstein (1985) l'a noté, il s'agit là d'un point sur lequel l'approche de Vygotsky a besoin d'être révisée et élargie.

Afin d'évaluer les implications d'une telle révision et de fournir les outils analytiques permettant de comprendre les idées de Vygotsky sur l'autre aspect de l'organisation sémiotique — la contextualisation — je présenterai brièvement la distinction que pose Silverstein (1980) entre deux types de référentialité. Si l'analyse sémiotique de Silverstein va plus loin que celle de Vygotsky, à certains égards sa distinction est parallèle à celle que faisait Vygotsky entre les aspects décontextualisés et contextualisés de l'organisation sémiotique.

Selon Silverstein, il y a deux types de référentialité :

« a) la référence discursive ou référence « pragmatique » ; b) la référence propositionnelle ou référence « sémantique ». Il s'agit là en réalité des valeurs référentielles « *extensionnelle* » et « *intensionnelle* » des signes linguistiques et on doit considérer que celles-ci peuvent être différenciées sur la base du fait que les règles régissant les unités linguistiques sous-jacentes impliquent ou non la nécessité d'un calcul de la valeur du signe par rapport à sa situation d'énonciation (le *contexte* incluant les éléments linguistiques antérieurs du discours). Les éléments du langage tels que les pronoms et les déictiques sont essentiellement des formes de référence pragmatique ; les éléments linguistiques tels que les noms communs ne le sont pas, si bien que leur référence pragmatique réelle dépend à la fois de leur valeur sémantique en tant qu'éléments lexicaux sous-jacents et de leur instanciation (occurrence d'un élément d'une classe) dans un contexte spécifique » (1980, p. 1).

L'étude de cet aspect de l'organisation sémiotique a été au cœur du développement de la logique symbolique et de l'analyse grammaticale formelle durant la première moitié de ce siècle. On trouve ces développements dans les travaux d'auteurs célèbres tels que Frege, Russell et les membres du Cercle de Vienne d'une part, et dans Saussure, Boas, Sapir, Bloomfield et Chomsky de l'autre. Selon Silverstein, les idées de ces grands auteurs et de leurs successeurs représentent « le résultat du dernier grand raffinement de la conception populaire selon laquelle le langage est l'expression correcte par excellence des facultés de raisonnement. » (1980, p. 1).

La structure casuelle pose un problème de référentialité propositionnelle qui a fait l'objet de maintes recherches en linguistique contemporaine. C'est devenu également un thème central pour plusieurs chercheurs qui s'intéressent à la relation entre les stades précoces de l'activité sensori-motrice (c'est-à-dire les phases précoces du « développement naturel » dans la terminologie de Vygostky) et l'acquisition du langage (voir par exemple Greenfield et Smith, 1976). Ces recherches portent sur une question qui a échappé à Vygotsky dans la mesure où pour lui c'était le mot, plutôt que la phrase, qui constituait l'unité fondamentale d'analyse. Le choix de cette unité l'a empêché d'appréhender la notion même de relation casuelle et le lien qu'elle peut avoir avec un développement naturel. Ce choix l'a donc empêché de saisir un mécanisme important dans la transformation des fonctions mentales élémentaires en fonctions mentales supérieures. A cause de ce choix également, il n'a pas vu comment les différences d'organisation grammaticale des langues peuvent avoir des effets différents sur le mode de pensée habituel des locuteurs (thème que Whorf a abordé dans son ouvrage en 1956).

En résumé, le premier aspect de l'analyse sémiotique qu'a proposée Vygotsky concerne les significations des mots hors contexte. Abordant les implications psychologiques de cet aspect de l'organisation sémiotique, il a étudié la catégorisation, le raisonnement syllogistique et la réflexion abstraite. En passant du mot à la phrase, nous avons vu que plusieurs autres thèmes en rapport avec la référentialité propositionnelle peuvent être introduits dans l'approche de Vygotsky.

## La médiation sémiotique contextualisée

J'en viens maintenant à la référentialité discursive et à la façon dont cette notion pourrait permettre de réviser et d'élargir les idées de Vygotsky sur l'aspect de l'organisation sémiotique liée au contexte. A plusieurs reprises, Vygotsky manifeste son intérêt pour la nature contextualisée du langage. Cet intérêt provient de la distinction qu'il opère entre signification du mot et référence du mot ou « relation du mot » (*predmetnaya otnesennost*), distinction empruntée à Husserl. Il considérait que les origines de la signification dans l'ontogenèse résident dans la relation indexicale qui existe entre signes et objets du contexte extralinguistique. En accord avec sa thèse de l'origine sociale du fonctionnement mental supérieur, il affirme que ces relations indexicales extralinguistiques émergent au cours du fonctionnement interpsychologique.

« Nos premiers mots ont une signification indicative (*ukazatel'noe*) pour l'enfant. En cela, il nous semble que nous avons appréhendé la *fonction originelle du langage,* fonction qui a échappé à d'autres chercheurs. La fonction originelle du langage n'est pas que le mot a une signification pour l'enfant, ni qu'un nouveau lien est créé à l'aide du mot. Au contraire, *le mot est d'abord une indication* et, en tant que tel, il remplit une fonction initiale dont toutes les autres fonctions peuvent dériver » (1981 b, p. 219).

Ainsi, l'ontogenèse de l'interaction sociale médiatisée sémiotiquement ne commence pas par les significations généralisées, catégorielles des mots, mais par les références indexicales. Les adultes entraînent les jeunes enfants dans des interactions sociales par cette fonction indexicale, qui permet une intersubjectivité à propos des objets perceptivement présents, même s'il n'y a pas d'accord total sur l'interprétation ou la catégorisation de ces objets.

Non seulement Vygotsky a abordé la question des relations indexicales *extra*linguistiques, mais encore il a avancé des idées intéressantes sur les relations *intra*-linguistiques indexicales, c'est-à-dire sur les relations entre les signes linguistiques et le contexte discursif. Pour développer ses idées, Vygotsky s'est beaucoup appuyé sur l'analyse du dialogue proposée par plusieurs linguistes et sémioticiens, en particulier Yakubinskii (1923). Pour cet auteur, un trait majeur du dialogue est sa forme abrégée ; contrairement au monologue, « la vraie essence du dialogue » est qu'il ne repose pas sur une représentation verbale complète et explicite du message, mais qu'il favorise au contraire l'omission des parties déjà mentionnées. Les idées de Yakubinskii sur le lien entre dialogue et forme verbale abrégée ont été très importantes pour Vygotsky car elles étaient en accord avec sa théorie générale sur le lien entre les origines sociales des fonctions mentales supérieures et l'organisation des systèmes de signes qui servent à les médiatiser. Comme pour la signification généralisée et catégorielle des mots, il considérait que la tendance à l'expression abrégée, « incomplète », résulte du caractère primordial de l'interaction sociale et de la communication dans le langage. Aussi bien en ce qui concerne la catégorisation qu'en ce qui concerne la forme abrégée, un aspect de l'organisation des moyens de médiation du fonctionnement mental supérieur s'est développé en raison des exigences et des forces de l'interaction sociale. (2)

## Le langage intérieur

C'est dans ses réflexions sur « le langage intérieur », qu'il considérait comme un flux ou un courant dynamiques du fonctionnement mental, que Vygotsky a le plus approfondi cette idée générale. Il est important de noter que pour Vygotsky ce flux du fonctionnement mental est nécessairement issu du langage dont il retient de nombreuses propriétés. Selon lui,

« Le langage a d'abord une fonction de communication. Il permet le contact social, l'interaction sociale et la coordination sociale des comportements. Ce n'est que plus tard, en appliquant à eux-mêmes ce même mode de comportement, que les êtres humains développent le langage intérieur. Dans ce processus, ils conservent telle quelle la fonction d'interaction sociale dans leur comportement individuel. Ils appliquent à eux-mêmes le mode social d'activité. C'est ainsi que, dans son essence, la fonction individuelle devient une forme unique de collaboration interne avec soi-même » (1956, p. 450-451).

Quand on s'engage dans cette « forme de collaboration interne avec soi-même », les conditions qui conduisent à des formes abrégées dans le discours social sont maximisées : le contexte partagé est réduit à l'extrême et les possibilités de condenser verbalement vont au-delà de ce qu'on peut observer dans le cadre du dialogue social. Il faut donc de nouvelles catégories pour analyser le langage intérieur (3). En effet, alors que certains aspects de l'organisation sémiotique du langage intérieur peuvent apparaître à un degré plus ou moins marqué (ou être latents) dans le dialogue social, ils ne sont totalement manifestes que dans les moyens utilisés pour médiatiser la collaboration de soi avec soi-même.

Que sont ces principes d'organisation et comment Vygotsky les a-t-il étudiés ? Pour répondre à la première question, il nous faut d'abord examiner brièvement la seconde. Vygotsky s'est livré à un examen critique approfondi du phénomène de « langage égocentrique » tel que Piaget l'avait (1926) présenté (4). Alors que pour Piaget cette forme de langage enfantin manifeste une socialisation incomplète et traduit une tendance solipsiste (incapacité de se mettre à la place d'autrui),

Vygotsky suggère qu'il s'agit d'une « forme de langage en train de passer du langage externe au langage intérieur » (1956, p. 87). C'est parce que le langage égocentrique éclaire ce développement et donc la nature du langage intérieur, qu'il a « présenté un intérêt théorique aussi considérable » (1956, p. 87) pour Vygotsky. Contrairement à Piaget, Vygotsky soutient que le langage intérieur et son précurseur du point de vue ontogénétique, le langage égocentrique, jouent un rôle crucial dans la capacité qu'ont les êtres humains de planifier et de réguler leur activité, et que ces formes d'activité langagière sont issues de leur participation antérieure à l'interaction sociale verbale.

Pour Vygotsky, l'apparition du langage égocentrique, approximativement à l'âge de trois ans, constitue la trace de l'apparition d'une nouvelle fonction d'autorégulation, à partir d'un langage auparavant non différencié et uniquement social. Sa forme externe montre que l'enfant n'a pas totalement différencié cette nouvelle fonction du langage de celle qu'il remplit dans les interactions sociales. Ainsi Vygotsky a-t-il décrit le langage égocentrique comme « un langage intérieur dans sa fonction psychologique, et un langage externe dans sa forme physiologique » (1956, p. 87). A l'âge de sept ans environ, le langage égocentrique disparaît, parce qu'il « devient souterrain » et constitue le langage intérieur.

Vygotsky voyait un lien génétique étroit entre les formes et les fonctions du langage social, du langage égocentrique et du langage intérieur.

« Ainsi, la première chose qui lie le langage intérieur de l'adulte au langage égocentrique de l'enfant d'âge préscolaire est la similitude de leur fonction : tous deux sont langage pour soi-même à l'opposé du langage social qui permet de communiquer et d'avoir des relations avec l'entourage... La seconde chose qui relie le langage intérieur de l'adulte au langage égocentrique de l'enfant est leurs propriétés structurelles. ... Les modifications structurelles (dans le langage égocentrique) tendent vers la structure du langage intérieur, à savoir sa forme abrégée... Selon cette hypothèse, le langage égocentrique se développe à partir de ses fondements sociaux en transférant à la sphère du fonctionnement psychologique individuel les formes sociales, coopératives du comportement... Ainsi le schéma général se présente-t-il sous la forme suivante : langage social - langage égocentrique - langage intérieur ».

Comme nous l'avons déjà noté, le mécanisme sémiotique spécifique qui, selon Vygotsky, donne naissance au langage égocentrique est la différenciation des fonctions du langage.

« ... au cours de la croissance, le langage social de l'enfant, qui est multifonctionnel, se développe selon le principe de la différenciation de fonctions séparées, et à un certain âge il se différencie très nettement en langage égocentrique et en langage de communication » (1956, p. 86-87).

Partant de cette position, Vygotsky a décrit le développement du langage égocentrique dans les termes suivants :

« Les propriétés structurelles et fonctionnelles du langage égocentrique évoluent avec le développement de l'enfant. A l'âge de trois ans, la distinction entre ce langage et celui de la communication est à peu près nulle. A sept ans, on observe une forme de langage qui diffère presque à 100 % du langage social des enfants de trois ans dans ses propriétés fonctionnelles et structurales. C'est dans ce fait que nous trouvons l'expression de la différenciation progressive des deux fonctions du langage et de la *séparation entre langage pour soi et langage pour autrui, à partir d'une fonction générale, indifférenciée du langage* qui, durant les premières années de l'ontogenèse, joue les deux rôles avec des moyens virtuellement identiques » (1956, p. 346).

En prenant le langage égocentrique comme matériel de base, Vygotsky a découvert plusieurs propriétés fonctionnelles et structurales du langage intérieur qu'il a divisées en deux grandes catégories : les propriétés syntaxiques et les propriétés sémantiques. La « première propriété la plus importante » (1956, p. 355) du langage intérieur est sa syntaxe particulièrement abrégée. Vygotsky prétend que l'on peut se représenter la « nature fragmentaire, abrégée, du langage intérieur par rapport au langage externe » (1956, p. 355) en examinant la parole égocentrique. Il a décrit cette forme spécifique abrégée en termes de prédication (*predikativnost*).

« ... en se développant, le langage égocentrique ne manifeste pas une simple tendance à abréger et à omettre des mots, il ne représente pas simplement un passage au style télégraphique. Mais il montre une tendance très particulière à abréger les expressions et les phrases en conservant le prédicat et les parties de la phrase qui lui sont associées au prix de l'omission du sujet et des mots qui lui sont associés » (1956, p. 356).

Ce que Vygotsky entendait par « sujet » ou « sujet psychologique » (*psikhologichesckoe podlezhashchee*) est ce que maintenant on appelle généralement information « donnée » ou « ancienne » ; ce qu'il entendait par « prédicat » ou « prédicat psychologique » est ce que maintenant on appelle généralement « information nouvelle » (voir par exemple Chafe, 1974 ; Clark et Clark, 1977 ; Clark et Haviland, 1977 ; Halliday, 1967 ; Wertsch, 1979 b).

La seconde caractéristique générale du langage intérieur qui permet ces formes abrégées est, selon Vygotsky, de nature « sémantique ». Sous ce terme, il regroupe trois propriétés qui sont en interrelation : la prédominance du « sens » (« sense ») par rapport à la « signification » (« meaning »), la tendance à « l'agglutination », et « l'instillation des sens dans un mot ». La clef pour comprendre ces propriétés est la distinction que Vygotsky opère entre signification (*znachenie*) et sens (*smysl*). Cette distinction l'a conduit à analyser les propriétés « sémantiques » du langage intérieur, la toute première étant la « prédominance du sens du mot par rapport à sa signification ». Ainsi, pour Vygotsky, les aspects spécifiques liés au contexte, les aspects indexicaux de la signification, l'emportent sur les aspects décontextualisés, stables. C'est-à-dire que la signification d'un mot dépend davantage du courant du fonctionnement mental et du contexte dans lequel il apparaît que d'un système de signification stable, intercontextuel. (5).

Les deux autres propriétés « sémantiques » du langage intérieur, « l'agglutination » et « l'instillation de sens » découlent de cette affirmation. Chez Vygotsky, la notion d'agglutination n'est rien de plus qu'une analogie avec la notion d'agglutination qu'on trouve dans les études de typologie du langage ; il s'agit du fait que des mots isolés entrent dans la composition d'un mot complexe exprimant un concept complexe ; elle se caractérise notamment par une « réduction phonétique », que l'on retrouve dans le langage intérieur, et qui commence à faire son apparition dans le langage égocentrique (cf. le texte 4 dans ce volume).

La troisième propriété sémantique du langage intérieur est ce que Vygotsky a appelé l'« instillation de sens ». Vygotsky considérait que le sens d'un mot, puisqu'il est plus dynamique que sa signification, obéit à des lois de combinaison différentes. La différence fondamentale entre les deux est que le sens d'un mot change quand il se combine avec d'autres mots alors que la signification d'un mot ne change pas. Les quelques commentaires de Vygotsky sur cette propriété du langage intérieur s'inspiraient directement de l'analyse littéraire. Comme nous le verrons dans la partie suivante, ses idées peuvent être clarifiées et développées à la lumière du travail de Bakhtine.

En résumé, la conception vygotskienne du langage social, égocentrique et intérieur comporte plusieurs affirmations implicites et explicites. En premier lieu, le langage égocentrique et le langage intérieur concourent au contrôle et à la régulation de l'activité humaine. En second lieu, une analyse génétique de la régulation sémiotique doit partir du langage social et non des formes intrapsychologiques de la régulation verbale (c'est-à-dire le langage égocentrique et le langage intérieur). En troisième lieu, les formes les plus précoces (interpsychologiques) de la régulation verbale comportent la transformation de l'activité naturelle existante et non la création de quelque chose à partir du seul axe de développement social. En quatrième lieu, les formes intrapsychologiques de la régulation verbale reflètent les propriétés structurales et fonctionnelles (c'est-à-dire les propriétés dialogiques) de leur précurseur interpsychologique. En cinquième lieu, *contrairement* à ce que dit Piaget, le langage égocentrique ne reflète pas simplement la pensée égocentrique ; au contraire, il joue un rôle important dans la planification et la régulation de l'action. En sixième lieu, *contrairement* aussi à ce que dit Piaget, les origines du langage égocentrique se situent dans le langage social (grâce à la différenciation des fonctions du langage) et le devenir du langage égocentrique est le langage intérieur. En septième lieu enfin, il est possible d'identifier les caractéristiques structurales et fonctionnelles spécifiques du langage intérieur grâce à l'étude du langage égocentrique. Celles-ci comprennent la caractéristique syntaxique fonctionnelle de prédication et les caractéristiques sémantiques qui dérivent du fait que dans le langage intérieur le sens a relativement plus d'importance que la signification.

## L'approche vygotskienne repensée à la lumière de Bakhtine

Je terminerai mon examen de la conception vygotskienne de la médiation sémiotique en proposant quelques suggestions quant à la révision et l'élargissement de cette approche. Tout comme les recherches en linguistique et en sémiotique peuvent servir à élargir sa conception des moyens sémiotiques qui médiatisent la réflexion abstraite, on peut élargir sa notion d'autorégulation du déroulement des processus mentaux, en incorporant à son approche les idées pertinentes d'autres auteurs. A cet égard, le sémioticien M. M. Bakhtine, spécialiste de littérature, présente un intérêt tout particulier (cf. Bakhtine, 1970, 1977 a, b, 1980, 1981 ; Medvedev/Bakhtine, 1978). Ni Vygotsky ni Bakhtine ne se sont mutuellement cités et, en dépit de quelques affirmations contraires (Ivanov, 1974), il est improbable qu'ils aient eu des contacts personnels ou que les idées de l'un aient directement influencé celles de l'autre (Holquist, communication personnelle ; Wertsch, 1985).

A ce sujet, je soulèverai un point qui concerne le rôle des phénomènes sociologiques dans le cadre théorique de Vygotsky. Bien que Vygotsky ait commencé par reformuler la psychologie dans une perspective marxiste, il a dit très peu de choses sur les thèmes marxistes classiques tels que lutte des classes, idéologie et conscience sociale. Il est particulièrement intéressant pour mon propos qu'il n'ait pratiquement rien dit des relations entre institutions sociales et processus mentaux chez l'individu. A cet égard, sa conception de la psychologie sociale contraste singulièrement avec celle d'autres penseurs tels que Sève (1969).

On pourrait élargir de plusieurs manières l'approche de Vygotsky pour rendre compte des façons dont les institutions sociales interagissent avec le fonctionnement mental de l'individu, mais étant donné la place primordiale qu'il a accordée à la médiation sémiotique, il nous faut d'abord commencer par cette question. A cet égard, les écrits de Bakhtine contiennent quelques suggestions intéressantes. Son approche de la littérature et du discours nécessite un exposé qui dépasse largement le cadre de ce chapitre (nous renvoyons le lecteur à Holquist, 1981, 1983 ; Clark et Holquist, 1985 ; Ivanov, 1974 ; Kristeva, 1980). Pour mon propos, j'introduirai seulement certaines de ses réflexions sur la nature du discours et la structure des institutions sociales.

Un point majeur où Bakhtine et Vygotsky se rejoignent concerne les notions de contexte et de sens. Dans la plupart de ses commentaires sur la prédominance du sens par rapport à la signification dans le langage intérieur, Vygotsky s'est attaché au contexte linguistique immédiat du mot ou de l'expression. Cependant, en certains endroits de ses écrits il semble avoir suggéré que la notion de contexte pourrait être élargie afin d'inclure des textes plus importants. Ceci ouvre toute une nouvelle gamme de possibilités pour la façon dont le sens d'une expression dans le langage intérieur peut être influencé par le contexte. Ce qui suggère que le large ensemble de textes qui constitue la structure symbolique d'une culture peut constituer le contexte plus général d'un énoncé et contribuer ainsi à déterminer le sens. Bien que les commentaires de Vygotsky semblent refléter une compréhension implicite de ce point, il n'a cependant jamais abordé cette question de façon quelque peu approfondie.

Bakhtine, au contraire, a traité ce sujet en détail à propos de l'histoire du discours romanesque. Ses écrits complètent ceux de Vygotsky en ce que ce dernier s'est attaché à l'étude des processus psychologiques et a dit relativement peu de choses sur les interrelations entre textes au niveau socio-culturel, alors que Bakhtine a beaucoup écrit sur les interrelations entre textes et a très peu parlé des mécanismes précis des processus psychologiques.

L'analyse de Bakhtine repose sur une distinction entre deux types de signification, distinction qui, à beaucoup d'égards, est comparable à celle que Vygotsky a faite entre signification et sens. Pour Bakhtine, ces deux types de signification sont si différents qu'ils nécessitent deux sortes d'analyse. Bakhtine estimait que la linguistique étudie la « signification neutre » d'un énoncé, c'est-à-dire « ce qui est compris en prenant le langage comme toile de fond ». La signification neutre d'un énoncé est « le sujet d'étude spécifique de la linguistique qui, très légitimement et nécessairement, se détache de certains aspects de la vie concrète du mot » (1973, p. 150) ; c'est ce qui correspond à la signification dans la conception de Vygotsky. A l'opposé, l'objet d'étude de la « méta-linguistique » est « le langage dans sa totalité concrète et vivante » (1973, p. 150). Plus précisément, « la signification réelle » d'un énoncé

« est comprise sur la toile de fond que constituent les autres énoncés concrets sur le même thème, ensemble constitué d'opinions, de points de vue et de jugements de valeurs contradictoires... » (Bakhtine, 1981, p. 281).

La notion de signification réelle dans l'analyse de Bakhtine est la contrepartie de la notion de sens dans l'approche de Vygotsky. Ainsi, comme Vygotsky, Bakhtine a opéré une distinction entre signes linguistiques contextualisés et décontextualisés. Cependant, son approche diffère de celle de Vygotsky dans ses hypothèses sur la nature du contexte. Au lieu de considérer le contexte référentiel créé par les signes linguistiques constituant l'entourage immédiat d'un énoncé, il a proposé la notion plus large de contexte culturel situé historiquement, créé par le discours des autres. En outre, son approche du discours d'autrui est en termes « d'opinions, points de vue et jugements de valeur » ; pour lui, le discours est « une multitude de systèmes de croyances verbo-idéologiques et sociales interreliés » (1981, p. 288).

Le but premier de l'analyse de Bakhtine était d'examiner l'histoire du discours romanesque. Il est donc raisonnable de se demander si tous ses concepts sont pertinents pour l'étude des processus mentaux médiatisés tels le langage intérieur. Dans plusieurs cas, il semble qu'ils le soient, à condition qu'on les emploie de façon appropriée. C'est vrai en ce qui concerne la notion d'hétéroglossie (*raznorechie*). L'hétéroglossie que l'on peut schématiquement définir comme l'entremêlement et « la modulation » de deux ou plusieurs voix ou perspectives idéologiques représentées verbalement était pour Bakhtine le principe fondamental de l'organisation sémiotique qui définit le discours romanesque. Bien que Bakhtine se soit surtout intéressé au rôle de l'hétéroglossie dans le roman, il a beaucoup écrit sur l'émergence de l'hétéroglossie en tant que phénomène sociolinguistique dans la communauté langagière en général. A ce sujet, il a réalisé des analyses du carnaval et du rire ritualisé au Moyen Age (Bakhtine, 1970).

Sans entrer dans les détails de son argumentation, je soulignerai qu'il fait l'hypothèse que les autres énoncés et les autres voix, chacun avec sa propre perspective idéologique, constituent un aspect essentiel du contexte de tout énoncé. En outre, ces perspectives idéologiques ne peuvent pas être comprises en termes de psychologie individuelle. Elles représentent, au contraire, des perspectives définies sociologiquement qui sont réalisées et, jusqu'à un certain point, créées par le discours. A ce sujet, Bakhtine a parlé de « langages sociaux ».

« Un langage social... est un système sociolinguistique concret de croyances qui définit une identité à l'intérieur des frontières d'une langue (qui n'est unitaire que dans l'abstrait). Assez souvent un tel système linguistique n'admet pas de définition stricte mais il renferme des possibilités d'individuation dialectique ultérieure : c'est un dialecte potentiel, son embryon n'est pas encore totalement formé » (1981, p. 356).

En passant en revue les divers types de langages sociaux, Bakhtine a avancé l'idée qu'on peut les ranger dans diverses grandes catégories fondées sur « la stratification professionnelle », la « stratification des groupes sociaux », la « stratification des générations », la « stratification des époques », etc. Il s'ensuit qu'on peut repérer plusieurs forces sociologiques qui correspondent aux langages sociaux. Ce raisonnement l'a conduit à dire que l'hétéroglossie consiste en la modulation de perspectives ayant un fondement sociologique. Il a donc étudié la polyphonie ou modulation des voix dans une communauté linguistique ou dans le discours romanesque et a insisté sur le fait que ces voix ne sont pas celles de perspectives isolées, historiques. Au contraire, il s'agit de voix qui représentent des perspectives sociales et institutionnelles particulières à une société donnée.

Dire qu'un énoncé est toujours situé dans un contexte socio-historique n'est pas particulièrement novateur, et ce n'est pas vraiment l'apport le plus important de l'analyse de Bakhtine. Il s'est surtout intéressé à la façon dont des perspectives et des voix idéologiques variées entrent en contact et se modulent mutuellement, à la façon dont « différents systèmes conceptuels sémantiques et axiologiques » (1981, p. 306) se rencontrent et se définissent les uns les autres. En effet, il soutenait que seule l'abstraction analytique permet d'isoler les langages sociaux. Dans le discours concret, la signification réelle d'un énoncé est toujours déterminée par son interaction avec les autres voix, la signification réelle du « mot dit avec un regard de côté » est toujours partiellement déterminée par la voix à laquelle il répond, sur laquelle il anticipe ou même qu'il s'efforce d'ignorer.

A cet égard, l'apport majeur de Bakhtine est sa conception des mécanismes sémiotiques qui permettent la modulation des voix. C'est en cela que ses analyses peuvent le mieux nous aider à comprendre la médiation sémiotique dans le langage intérieur.

Dans ses réflexions sur ces mécanismes, Bakhtine s'est particulièrement intéressé à la façon dont plus d'une voix ou plus d'une perspective idéologique peut se refléter ou être indexée dans un seul énoncé. Quand cela arrive, un auteur ou un locuteur crée « une signification réelle » dont l'interprétation ne peut être fondée sur l'une ou l'autre voix seulement. Par exemple, Bakhtine (1977 b) a longuement étudié l'histoire de diverses formes de discours rapporté dans plusieurs langues indoeuropéennes. Il a analysé les diverses façons dont la personne qui raconte se rapproche ou s'éloigne de l'énoncé de la personne dont elle rapporte les propos.

Cela va d'une distance maximale et d'un éloignement formel maximal dans le discours direct à une proximité et une modulation maximales dans le discours indirect et quasi indirect.

La « construction hybride » constitue un second mécanisme sémiotique qui permet la modulation des voix. Selon Bakhtine :

« ce que nous appelons construction hybride est un énoncé qui appartient, par ses marques grammaticales (syntaxiques) et de composition, à un locuteur unique, mais dans lequel, en fait, sont mêlés deux énoncés, deux manières de parler, deux styles, deux « langages », deux systèmes sémantique et axiologique de croyance. Redisons-le, il n'y a pas de frontière formelle — compositionnelle et syntaxique — entre ces énoncés, styles, langages, systèmes de croyance ; la séparation des voix et des langages se fait à l'intérieur des limites d'un même tout syntaxique, souvent à l'intérieur des limites d'une simple phrase. Il est fréquent qu'un même et unique mot appartienne simultanément à deux langages, deux systèmes de croyance qui s'entrecroisent dans une construction hybride — et, en conséquence, que le mot ait deux significations contradictoires, deux accents » (1981, p. 304-305).

Comme exemple de construction hybride portant sur un mot seulement, Bakhtine citait la phrase suivante extraite de Little Dorrit, de Dickens :
*Mais M. Tite Barnacle était collet monté, et donc c'était un homme de poids.*

La remarque essentielle à propos de cette phrase concerne le mot « donc ». La question est de savoir s'il s'agit de la voix de l'auteur ou de celle de quelqu'un d'autre. Bakhtine répond que ce mot reflète simultanément plus d'une perspective idéologique et que c'est précisément cela qui lui donne son sens dans le discours romanesque.

« Si l'on en juge par les marques formelles, la logique qui motive la phrase semble appartenir à l'auteur, c'est-à-dire qu'il y adhère ; mais en fait, la motivation réside dans le système de croyances subjectives de ses personnages ou de l'opinion générale » (1981, p. 305).

Il en résulte que même si l'énoncé est formellement marqué comme appartenant à une seule voix (celle de l'auteur), un aspect essentiel de sa signification réelle provient du fait qu'une autre perspective idéologique y est reflétée de façon ironique ou parodique. Prise isolément, aucune des deux voix ne permet d'interpréter correctement et complètement l'énoncé.

Il est important de noter que, lorsque Bakhtine parlait de voix et de textes, il n'envisageait pas les façons dont un énoncé peut référer à un autre énoncé. En outre, son propos n'était pas d'étudier la façon dont un énoncé parlé peut entrer en relation imagée avec d'autres énoncés ou avec une activité culturelle non linguistique. Au contraire, il s'intéressait aux manières dont un énoncé en *indexe* un autre. La nature complexe de cette relation indexicale se reflète dans les commentaires de Kristeva (1980) sur la conception du mot « ambivalent » chez Bakhtine. Selon elle,

...« l'écrivain peut employer (ou, dans la terminologie de Holquist (1981), « louer ») le mot d'un autre en lui donnant une nouvelle signification qui conserve cependant celle qu'il avait déjà. Il en résulte un mot avec deux significations : il devient *ambivalent,* en ce qu'il constitue le résultat d'un alliage de deux systèmes de signes » (Kristeva, 1980, p. 73).

Lorsqu'elle parle de « polémique interne cachée », Kristeva ajoute :

« elle est caractérisée par l'influence active (modificatrice) du mot de l'autre sur le mot de l'auteur. C'est l'écrivain qui « parle », mais un discours étranger est constamment présent dans le langage qu'il déforme. Avec ce type *actif* du mot ambivalent, le mot de l'autre est représenté par le mot du narrateur » (1980, p. 73).

En termes d'indexicalité, la partie finale de cette citation serait reformulée ainsi : « le mot de l'autre est indexé dans le mot du narrateur ». C'est-à-dire que pour interpréter un énoncé (dans le cas présent un énoncé de l'auteur) il faut tenir compte du contexte constitué par d'autres perspectives idéologiques ou d'autres voix. Comme je l'ai déjà noté, le contexte dont il s'agit ici n'est pas nécessairement constitué des énoncés voisins ; il s'agit donc d'une notion différente de celle que proposait Silverstein sous le terme « référentialité du discours » et différente également de celle formulée par Vygotsky lorsqu'il traite des propriétés syntaxiques du langage intérieur.

L'analyse de Bakhtine nous permet ainsi de mieux préciser les propriétés « sémantiques » du langage intérieur, en particulier la façon dont le sens est prédominant par rapport à la signification. Ses idées sur l'hétéroglossie et les langages sociaux permettent d'élargir la notion de sens chez Vygotsky en y incluant le contexte des perspectives idéologiques. C'est là un apport majeur, pour qui souhaite développer une conception des processus mentaux médiatisés sémiotiquement qui reconnaisse l'influence des institutions sociales sur l'individu. En tenant compte de la conception des mécanismes de « langage rapporté » et « constructions hybrides » que Bakhtine a développée, on peut élargir l'analyse des propriétés sémantiques du langage intérieur proposée par Vygotsky et y inclure les mécanismes spécifiques par lesquels le contexte idéologique exerce une influence sur l'individu.

## Conclusion

En résumé, pour Vygotsky, la médiation sémiotique des fonctions mentales supérieures comporte deux aspects essentiels, qui jouent chacun un rôle dans deux types différents de fonctionnement mental. D'une part, Vygotsky a mis en évidence la signification décontextualisée, catégorielle des mots, qui médiatise la réflexion abstraite. Les études que Vygotsky et Luria ont conduites en Asie soviétique centrale avaient pour but d'analyser ce type de fonctionnement mental. D'autre part, Vygotsky a reconnu la signification liée au contexte, dans ses formes indexicales extralinguistiques et intralinguistiques. Il émit l'idée que les relations indexicales extralinguistiques sont essentielles pour la communication précoce adulte-enfant et que les relations indexicales intralinguistiques jouent un rôle décisif dans l'organisation du langage intérieur. Dans son approche du rôle médiationnel du langage intérieur, il s'est intéressé à un aspect du fonctionnement mental supérieur autre que la réflexion abstraite, à savoir le flux de l'autorégulation caractéristique de l'activité de résolution de problèmes et de la pensée chez l'être humain.

Vygotsky considérait ces deux aspects de l'organisation sémantique comme deux possibilités médiationnelles du langage chez l'homme ; les deux sont des virtualités qui peuvent être plus ou moins mises en valeur. C'est cette conception qui soustend son affirmation selon laquelle « le fait central de notre psychologie est le fait de la médiation ». (1982, p. 166).

En commentant les idées de Vygotsky sur le fonctionnement mental supérieur médiatisé sémiotiquement, j'ai signalé plusieurs points qui peuvent être révisés et élargis à la lumière des recherches récentes de linguistique et de sémiotique. Sa conception de la signification des mots par exemple a besoin d'être revue pour tenir compte des apports récents de la théorie grammaticale, et son analyse de l'organisation sémiotique du langage intérieur a besoin d'être élargie pour inclure les idées de Bakhtine sur la voix, la perspective idéologique, l'hétéroglossie et les constructions hybrides.

Si les révisions que j'ai suggérées altèrent quelque peu les affirmations et implications spécifiques de l'approche vygotskienne, elles ne transforment pas ses intuitions profondes sur la nature des fonctions mentales supérieures médiatisées sémiotiquement. Son approche, après un demi-siècle, continue à fournir une base théorique puissante qui permet d'incorporer les découvertes de disciplines des sciences sociales artificiellement séparées.

*Notes*

*Paru en anglais sous le titre « The semiotic mediation of mental life : L.S. Vygotsky and M.M. Bakhtine », in : E. Mertz & R.J. Parmentier (Eds), *Semiotic Mediation : Sociocultural and Psychological Perspectives,* New York, Academic press, 1985.

(1) Vygotsky n'a pas complètement développé ce type d'argumentation, en partie parce que les théories sémiotiques et linguistiques dont on disposait à l'époque ne proposaient pas une telle analyse. Pour des développements contemporains de son approche, voir Silverstein, 1985 et Wertsch, 1985.
(2) Il s'agit là simplement d'une des implications de la loi génétique générale du développement culturel. Les fonctions mentales supérieures apparaissant au niveau interpsychologique avant d'apparaître au niveau intrapsychologique et le même système général de signes servant à médiatiser l'activité aux deux niveaux, certains principes de l'organisation sémiotique qui ont une base sociale jouent un rôle dans le fonctionnement intrapsychologique.
(3) Ceci a été proclamé avec beaucoup de force par un autre sémioticien soviétique, Bakhtine.
« Il est clair d'emblée qu'aucune des catégories élaborées par la linguistique pour analyser les formes extériorisées de la langue ou « parole » (lexicologie, grammaire, phonétique) n'est applicable à l'analyse du discours intérieur, et, à supposer qu'elles le soient, elles devraient être complètement redéfinies » (Bakhtine, 1977, p. 63).
(4) Pour la critique de Vygotsky à l'égard de la position de Piaget, voir texte 3, dans ce volume.
(5) Ceci s'oppose à une propriété fondamentale de la communication interpsychologique qui, pour Vygotsky, est nécessairement liée à des significations généralisées et stables. Bien sûr, cela ne veut pas dire que l'émergence du langage intérieur détruit la capacité d'utiliser la pensée conceptuelle sous forme abrégée comme dans les concepts scientifiques. Vygotsky voulait simplement remarquer que différents aspects de l'organisation sémiotique prédominent dans différents types de fonctionnement sémiotique.

C'est le sens de son commentaire :

« Dans le langage parlé, c'est une règle, nous passons de l'élément de sens le plus stable et permanent, de sa zone la plus constante, à savoir la signification du mot, à ses zones plus fluctuantes, à son sens en général. Au contraire, dans le langage intérieur cette prédominance du sens sur la signification qui, dans le langage parlé nous apparaît comme une tendance exprimée plus ou moins nettement, approche sa limite mathématique et se produit sous une forme absolue. Ici la prévalence du sens par rapport à la signification, de l'expression par rapport au mot, et du contexte entier par rapport à l'expression n'est pas l'exception mais la règle générale » (1956, p. 371).

# 8. La construction sociale du langage écrit chez l'enfant

Bernard Schneuwly, Université de Genève

copier.

## Introduction

Dans son livre « Pensée et langage » (1934/1969), Vygotsky a montré que, d'un point de vue ontogénétique et phylogénétique, le langage est la fusion de deux racines psychologiques indépendantes : la pensée préverbale (la représentation) et le langage préintellectuel (la communication). Dans la continuité de sa pensée, il nous a paru possible de définir les conditions biologiques et surtout sociales nécessaires pour que la fusion se réalise (Schneuwly, Bronckart et al., 1983). Pour être communicable, la représentation doit porter sur des significations générales, socialement élaborées. La communication, c'est-à-dire l'action d'un congénère sur un autre dans le cadre des relations sociales d'un groupe donné, doit dépasser le niveau des actions concrètes dans lesquelles elle est insérée et devenir une action indépendante de celles qui la suscitent. Cela implique notamment qu'elle soit située par rapport au contexte qui la suscite et donc représentée dans celui-ci. Dans ce sens on peut dire que la fusion des deux racines formant le langage se fait sous forme de *représentations communicables et de communication représentée.* Le langage, capacité ou faculté générale de l'espèce, se concrétise dans la langue, système de signes et ensemble de formes de communication propres à un groupe social. Il se réalise dans l'activité langagière des individus.

Dans quelle mesure peut-on de manière analogue concevoir le langage écrit comme la capacité, apparaissant à un certain moment de l'histoire, d'élaborer une langue écrite et d'avoir une activité langagière écrite ? Comment se construit le langage écrit ? Quels sont ses présupposés sociaux ? Quels sont les outils servant à le construire ? Telles sont les questions que suggère une approche vygotskyenne en ce domaine. Je vais essayer d'y apporter quelques réponses en interprétant et en élargissant le cadre théorique vygotskyen et en me basant sur divers travaux de recherche permettant de concrétiser les concepts théoriques.

Il est bien entendu impossible de faire ici un exposé approfondi de la théorie de Vygotsky (cf. Leont'ev et Luria 1956 ; Rivière 1984 ; Wertsch 1985 pour des introductions). Je mettrai simplement en évidence, sous forme de thèses, quatre aspects centraux qui me serviront de points de départ pour aborder d'un point de vue psychologique le développement du langage écrit.

**La théorie de Vygotsky**

1. Toutes les réflexions de Vygotsky tournent autour du problème de ce qu'il appelle les « *fonctions psychiques supérieures* », à savoir des systèmes psychiques hautement intégrés, comprenant plusieurs composants et qui se développent à partir de fonctions naturelles ou culturelles déjà existantes. Il énumère notamment la mémoire logique, l'attention volontaire et la pensée verbale. Les questions qu'il se pose à leur égard sont entre autres les suivantes : quelle est la structure d'un nouveau système, d'une nouvelle fonction ? Comment se développe-t-elle ? Quelles sont les phases de son développement ? Quels sont les moyens nécessaires à l'apparition de nouveaux systèmes ? Plus généralement, il s'intéresse au problème de la structure de la conscience qui se transforme par l'apparition de nouveaux systèmes au cours du développement historique d'une société et du développement ontogénétique de l'enfant. Vygotsky développe les positions suivantes en réponse aux questions posées.

Pour expliquer le développement de systèmes cognitifs complexes, il est nécessaire de les voir d'abord comme le *résultat du développement historique de la société* et par conséquent d'analyser leur évolution dans le contexte de l'éducation et de l'enseignement. Chaque société possède en effet une série de pratiques, de techniques et d'instruments qui permettent à chacun de ses membres de développer les systèmes psychiques élaborés collectivement : formes de pensée, formation de concepts, systèmes de mémorisation, etc. Le développement de l'enfant ne peut dès lors être abordé comme un processus autonome intérieur se déroulant entre deux pôles, le sujet et l'environnement, avec accent sur le premier pour les théories de type piagétien, sur le deuxième pour les théories behavioristes. Vygotsky pense au contraire que le rapport du sujet à l'environnement est médiatisé par le groupe social auquel le sujet appartient. Il en découle qu'il est nécessaire d'avoir une théorie des pratiques sociales médiatisant ce rapport et une théorie de l'activité qui soit articulable à ces pratiques. C'est là le premier axe que nous allons développer pour poser les jalons d'une approche véritablement interactive du langage écrit.

2. La genèse et la structure des systèmes psychiques correspondent parfaitement à leur caractère social et historique. Deux aspects sont centraux à cet égard : — l'origine interpsychique des fonctions supérieures ; — le contrôle du comportement par des systèmes de signes sociaux.

La genèse des systèmes cognitifs complexes suit toujours la même direction : elle va *de l'extérieur vers l'intérieur* ; du contrôle matériel par des signes extérieurs vers un contrôle intérieur automatisé. Plus précisément : pour chaque individu, la possibilité d'agir sur l'autre et celle de l'autre d'agir sur lui sont le modèle et l'origine de la transformation de sa propre activité. Dans ce sens, le développement va donc aussi *de l'interpsychique vers l'intrapsychique*.

Le développement du langage intérieur en est la meilleure illustration. Outil de communication, d'action sur l'autre, le langage extérieur et social devient de plus en plus aussi un outil pour agir sur soi-même, pour mieux contrôler ses propres processus de résolution de problème, pour mieux structurer une situation problématique. Cette spécialisation du langage dans un nouveau domaine l'affecte profondément du point de vue de sa structure sémantique, syntaxique et phonétique : condensation extrême, agglutination des significations, syntaxe purement prédicative en sont quelques-unes des caractéristiques principales. Le langage intérieur prend la forme qui correspond à sa fonction. Par cette transformation, nécessaire pour le passage de l'extérieur à l'intérieur et de l'interpsychique à l'intrapsychique, il devient le langage intérieur, la pensée verbale.

Le deuxième axe de travail est ainsi tracé : déterminer et décrire les multiples situations qui sont à l'origine de la fonction complexe « langage écrit ». Il s'agit autant de la *préhistoire* de l'écrit, c'est-à-dire des situations que rencontre l'enfant avant d'écrire au sens propre du terme, que de son histoire, c'est-à-dire les diverses situations (institutionalisées ou non) parcourues par un individu et qui contribuent à la construction de la nouvelle capacité.

3. La structure des systèmes cognitifs complexes correspond parfaitement à leur genèse sociale. Il s'agit en effet, selon Vygotsky, d'activités médiatisées par des systèmes de signes sociaux, et notamment par le langage. L'idée fondamentale peut être explicitée par analogie avec l'utilisation d'outils dans le travail. L'action de l'homme sur la nature, le travail, n'est jamais immédiate, mais *médiatisée* par des objets spécifiques, socialement élaborés, fruits des expériences des générations précédentes et par lesquels, entre autres, se transmettent et s'élargissent les expériences possibles. Les outils se trouvent *entre* la nature et l'homme qui agit ; ils déterminent son comportement, le guident, affinent et différencient sa perception de la nature. Les activités médiatisées par les outils sont donc formées socialement. Elles ont une origine sociale. L'activité ne se déroule pas entre deux pôles, homme et nature, mais entre trois : homme - outils - nature.

La même structure se retrouve — telle est l'idée fondamentale de Vygotsky — au niveau du fonctionnement psychique de l'homme. Ce ne sont évidemment pas des outils servant à agir sur la nature extérieure qui assument le rôle de médiateur, mais des signes, stimuli artificiels créés par l'homme pour contrôler l'activité — son activité propre ou celle des autres. Diverses formes de signes peuvent assumer une telle fonction : signes mnémotechniques ou œuvres d'art ; schémas, diagrammes ou dessins. Le langage est sans doute le moyen de contrôle le plus puissant de l'activité.

L'intervention de signes transforme radicalement l'activité et fait apparaître de nouvelles fonctions psychiques et de nouvelles formes d'activité. Prenons un exemple que Vygotsky a analysé expérimentalement : la formation des concepts. Cette capacité se développe à partir de l'activité de classification. Les mots et leurs significations, c'est-à-dire des signes sociaux extérieurs, interviennent dans ce processus en le soutenant et le modifiant. Les enfants deviennent de plus en plus capables de les utiliser pour contrôler leur activité de classification. Le mot fonctionne finalement comme moyen de contrôle volontaire de l'attention, de l'abstraction, de l'analyse des particularités des objets, de synthèse et de symbolisation. A l'aide de médiateurs, les mots et leurs significations, plusieurs fonctions primitives (classification, analyse, symbolisation, synthèse) sont intégrées en une nouvelle fonction complexe : la formation des concepts.

A essayer d'adapter cette conceptualisation au développement de l'activité langagière, on en arrive rapidement à la conclusion que celle-ci présuppose l'application d'un système de signes (celui du contrôle de l'activité) sur un autre système de signes (celui de l'activité propre). Comment est-ce possible ? La nature autoréflexive du langage permet de résoudre le problème. Notre troisième axe de recherche consistera à traquer diverses unités linguistiques utilisées dans un sens plus ou moins autoréflexif comme indices de types de planification et de contrôle de l'activité langagière.

4. Les interdépendances complexes entre pratiques sociales, origines interpsychiques des fonctions psychiques et systèmes médiateurs ont comme conséquence que le rapport entre développement et apprentissage (ou enseignement) ne peut être conceptualisé ni comme dépendance de l'apprentissage par rapport au développement (position piagétienne) ni comme dépendance du développement par rapport à l'apprentissage (position behavioriste). L'apprentissage est déterminé par le développement dans le sens où il ne peut avoir lieu que dans la *zone proximale de développement* — zone définie par ce qu'une personne n'est pas encore capable de faire seule, mais qu'elle peut réaliser grâce à des aides extérieures (adultes, enseignants, autres enfants). — Et l'apprentissage détermine le développement en imposant à celui-ci les formes et les contenus par l'intervention des pratiques et moyens sociaux prévus à cet effet.

Le quatrième axe de recherche — que je ne vais pas développer ici — consiste à utiliser la notion de zone proximale de développement comme concept analytique nécessaire pour une approche des pratiques d'apprentissage et d'enseignement : pour les décrire, pour montrer leurs limites et pour proposer leurs transformations.

On peut résumer comme suit l'explication vygotskyenne de la formation de nouvelles fonctions psychiques au cours de l'histoire humaine : de nouveaux systèmes de signes et de nouvelles formes de rapports interpsychiques sont les bases de constructions de nouvelles fonctions psychiques. Le développement du langage écrit est une merveilleuse illustration des rapports complexes entre histoire, moyens et formes d'interaction sociaux et développement psychique. Je vais essayer de le démontrer en développant trois des quatre axes de recherche qui se dégagent de la théorie vygotskyenne : théorie d'une activité langagière articulée à des pratiques sociales ; origines sociales du langage écrit ; unités linguistiques portant sur l'activité langagière.

**Contexte et activité langagière**

Nous avons défini plus haut l'activité langagière comme la réalisation concrète du langage résultant, au niveau phylogénétique ou ontogénétique, de la fusion de la représentation et de la communication. L'activité langagière constitue le véritable objet de la psychologie du langage : elle oriente le sujet dans le monde social et matériel en déterminant des espaces de représentation pertinents et en matérialisant ces représentations en textes efficients dans des situations de communication. En définissant ainsi l'activité langagière, nous tenons compte du premier axe de recherche dégagé en partant des conceptions de Vygotsky : conceptualiser l'activité en l'articulant aux pratiques sociales. On pourrait appeler l'approche ainsi esquissée « interactionisme social ». Cette manière de poser le problème nous amène à définir plusieurs niveaux d'opérations constituant l'activité langagière (voir Bronckart et al. 1985) :

1. Le niveau de *contrôle*, celui de la *contextualisation*, contient deux types d'opérations : les premières définissent l'interaction sociale, premier espace de représentation que l'activité langagière délimite dans la réalité sociale. Il contient trois paramètres : le lieu social et le but de l'interaction ainsi que le rapport entretenu par le couple énonciateur-destinataire. Les autres opérations créent trois points de repères issus de l'acte matériel de production : rapport matériel entre locuteur et interlocuteur(s), moment et lieu de l'énonciation. Il s'agit là du deuxième espace de représentation rendu pertinent par l'activité langagière.

2. Le niveau de *gestion* de la production langagière est aussi constitué de deux types d'opérations : il s'agit d'une part des opérations d'ancrage du texte, à savoir

le choix du rapport qu'entretient le processus de production avec les points de repères créés au premier niveau (processus impliqué ou autonome par rapport à la situation matérielle ; type de repérage temporel). Plusieurs modes d'ancrage sont envisageables. Ils forment le cadre à l'intérieur duquel le processus de production se déroule. Il y a d'autre part les opérations de planification du texte. La planification peut être monogérée ou polygérée et peut suivre des modèles langagiers plus ou moins clairement établis.

3. Le niveau de *textualisation* comprend diverses opérations qui s'effectuent en fonction des contraintes définies aux autres niveaux et qui se traduisent plus ou moins directement en unités linguistiques du texte. On peut notamment distinguer : des opérations de cohésion textuelle élaborant un parcours de thèmes, construisant les relais des arguments, précisant les repérages temporels ; des opérations d'établissement de connexions avec notamment la mise en évidence de la superstructure d'un texte ; et enfin des opérations de modalisation.

4. Le niveau de *référentialisation* est formé des opérations qui élaborent les microstructures propositionnelles (comparables aux lexis de Culioli) à partir de notions et de relations. Celles-ci forment le troisième espace de représentation et contiennent notamment des indications sur l'agentivité, l'aspectualité, etc. C'est sur les microstructures propositionnelles qu'agissent les opérations des autres niveaux, notamment celles de textualisation, en laissant des traces dans les diverses unités linguistiques (principalement les déterminations du nom et du verbe, les organisateurs textuels, les modalités, la ponctuation, les anaphores).

Du point de vue méthodologie, la conception interactioniste de l'activité langagière que nous venons d'esquisser implique une approche différentielle : les variations de contexte et d'ancrage donnent lieu à des processus de production différents et résultent en textes dotés de caractéristiques particulières. Pour mettre en évidence les contrastes observés entre textes produits dans des situations différentes, nous avons construit une *typologie de textes* (Bain et al. 1985 ; Bronckart et al. 1985) qui est la base de nos analyses de l'activité langagière.

Cela nous amène directement à la question qui nous préoccupe plus particulièrement : celle de la spécificité du langage écrit. Peut-on parler d'un langage écrit (ou d'une lange écrite) comme étant par principe différent du langage oral ?

## Qu'est-ce qu'« écrire » ?

La question que je vient de poser a abondamment été commentée ces derniers temps (voir notamment Tannen 1982 et 1984). En suivant notre définition du langage (page 00), on pourrait appeler « langage écrit » la capacité d'élaborer et d'utiliser une langue écrite.

Cette première définition ne pose apparemment pas de problème. Mais l'apparence est trompeuse. En effet, la définition suggère une limite clairement établie entre langage oral d'un côté et langage écrit de l'autre et laisse supposer qu'il y a, au niveau psychologique, un système de fonctionnement oral et un autre écrit (avec bien sûr des aspects en commun). A y regarder de plus près, la situation n'est pas aussi simple. Deux ordres d'idées sont confondus par une dichotomisation inconsidérée des deux types de langage : il y a d'une part le fait que l'utilisation de la langue orale par sa matérialité même n'est possible qu'en co-présence (au sens large du terme ; et le problème se complique beaucoup dès lors que les moyens techniques permettent l'enregistrement de la parole) des interlocuteurs, tandis que celle de la langue écrite ne présuppose pas de rapport direct entre interlocuteurs ; de là découlent d'autre part des usages de la langue orale et de la langue écrite dans des situations en général différentes et par conséquent des particularités liées à ces usages. On peut dire aussi que ce sont les problèmes apparus dans des situations sociales inédites qui ont exigé et rendu possible le développement du langage écrit et des langues écrites. La situation de production langagière prime donc par rapport au fait second de la matérialité orale ou écrite. Il y a d'ailleurs — comme on le sait aujourd'hui — différentes « langues orales » et « langues écrites » à l'intérieur d'un idiome considéré comme unité (en général une langue nationale). Cela dit, il est quand même légitime d'utiliser un raccourci et de parler de langage écrit ; de nombreuses situations dans lesquelles le langage écrit est utilisé présentent en effet des caractéristiques communes et le langage écrit est la voie d'accès privilégiée à ces situations qui exigent un certain nombre d'opérations langagières particulières.

Essayons de déterminer plus précisément ces particularités.

Selon Vygotsky (1969) les motifs d'utilisation du langage écrit ne sont pas du tout les mêmes que ceux du langage parlé. Au début de l'apprentissage, ils sont relativement peu développés. L'écriture n'est pas encore vraiment un besoin ou au moins une technique dont la nécessité est comprise par l'élève. Le problème est donc de montrer ce que permet le langage écrit. La difficulté particulière réside cependant surtout dans le fait que le dialogue, la situation du langage parlé, crée à chaque instant le motif d'une nouvelle prise de parole. Demande et réponse, affirmation et objection, manque de compréhension et explication s'appellent réciproquement et font avancer par leur logique de fonctionnement la situation d'énonciation. « Le langage parlé est réglé par le déroulement de la situation dynamique. » (p. 226). Dans la situation du langage écrit par contre, il faut avoir une attitude « indépendante, volontaire, libre par rapport à la situation » (ibid). « Les faits langagiers deviennent conscients en tant que tels, ce qui fait que l'attention est plus facilement concentrée sur eux. » (p. 337).

Il serait intéressant de connaître les hypothèses précises que Vygotsky développe à partir de cette prise de position. Malheureusement il faut se contenter d'allusions : au niveau phonétique, dit-il, il faut rendre consciente la structure des mots et la reproduire de façon volontaire par les graphèmes. L'intégration des mots au niveau syntaxique n'est pas automatisée d'emblée. Le travail sur les significations est complexe du fait de la nécessité d'explicitation. L'hypothèse fondamentale est claire : le langage écrit, comme le langage intérieur, est une fonction particulière du langage qui se développe par différenciation à partir du langage parlé. A un certain niveau, il devient une fonction indépendante, autonome, avec une structure et un fonctionnement propre caractérisés notamment par les aspects volontaires et conscients. Vygotsky le dit d'ailleurs explicitement : « Le langage écrit est une fonction langagière particulière qui de par sa structure et sa fonction ne diffère pas moins du langage parlé que le langage intérieur diffère du langage extérieur » (1969, p 329).

Essayons d'approfondir ces quelques indications et de définir plus concrètement les particularités du langage écrit.

La situation de production du texte écrit ne permet pas un fonctionnement pas à pas de la production langagière tel que cela est la règle dans la situation dialogique. Celle-ci permet en effet une gestion et un contrôle extérieur de la production langagière. On pourrait dire qu'il y a, pour chaque intervention du locuteur ou même pour chaque énoncé, une boucle de contrôle passant par la situation de production ; celle-ci permet de vérifier les effets de l'énoncé, d'ajuster la représentation des buts, des destinataires et des autres paramètres et de redémarrer ou de continuer en cas de besoin. La textualité découle de la suite des énoncés rapportés les uns aux autres grâce à un contrôle extérieur continu par la structure et le déroulement de la situation de production.

La production d'un texte écrit n'est pas contrôlée par la situation de production immédiate, mais par la représentation abstraite d'une situation avec un but général et un destinataire fictif ou du moins partiellement simulé, construit. Cette différence de contrôle implique une vision globale et anticipatrice du texte dans son ensemble. La production d'énoncés ne change pas les données de la situation ; tout est stable et réglé par le plan découlant du but général et de l'interaction entre plan et réalisation. Ici apparaît le caractère volontaire de l'activité langagière dont parle Vygotsky, c'est-à-dire le fait que le motif d'agir langagièrement ne découle pas de la dynamique de la situation, mais de l'effort constant de l'énonciateur.

Les particularités de la production d'un texte écrit découlent dès lors du fait qu'elle est gérée non pas par une procédure pas-à-pas, réglée par les effets en retour de la situation sur laquelle on agit, mais par une représentation globale de la situation et du contenu à transmettre. Elle implique la possibilité d'*anticiper* un texte dans son ensemble et une capacité de se *distancier* par rapport au texte et à sa réalisation partielle au cours de la production. Il est probable que certaines opérations reposent sur un travail conscient d'analyse du texte — soit qu'elles ne soient pas (encore) automatisées soit qu'elles résultent d'une relecture ou re-présentation du texte. On retrouverait ainsi une autre caractéristique importante de l'activité de production de textes écrits mentionnée par Vygotsky : son caractère conscient.

Les quelques particularités que nous venons de décrire — il y en a bien sûr d'autres et celles qui sont mentionnées ne sont pas exclusivement liées au langage écrit — mettent en évidence la nécessité d'un fonctionnement psychologique spécifique. On pourrait dire en simplifiant que le scripteur doit quasiment adopter un rapport « méta-textuel » à son texte, prendre celui-ci comme objet, le commenter, le structurer, le manipuler, le clarifier. Nous verrons que certaines unités linguistiques sont des traces plus ou moins évidentes de telles opérations.

### Comment apprendre à écrire ? Les origines interpsychiques

Quels sont les moyens pour apprendre à planifier un texte, à le développer en fonction de la situation donnée, à l'adapter au destinataire ? Globalement, on peut dire que le problème de l'apprentissage de la langue écrite est celui d'avoir un meilleur contrôle sur sa propre activité langagière. Selon Vygotsky, deux facteurs sont nécessaires pour y parvenir : premièrement des situations sociales qui modélisent l'intervention sur l'activité langagière ; deuxièmement des signes ou sous-systèmes de signes (des signes sur des signes en quelque sorte puisqu'il s'agit d'activités langagières) qui sont les moyens de cette intervention. J'aborderai ce deuxième aspect au prochain paragraphe. Je me concentre pour l'instant sur le problème des origines sociales du langage écrit en essayant de développer le deuxième axe de recherche défini en partant du cadre vygotskien.

De par sa nature même, le langage est autoréflexif, ce qui signifie que l'activité langagière peut porter sur elle-même. C'est la contrepartie nécessaire de l'ambiguité continuelle du langage qui, dans toute situation, est négociation de sens. La différence entre langage oral et langage écrit ne réside pas tellement dans le contrôle de l'activité langagière sur elle-même que dans la forme et la direction prépondérante de ce contrôle. Dans le langage oral, l'activité langagière porte de façon privilégiée sur celle de l'autre ; le langage oral comporte donc en général un contrôle intérieur *et* (surtout) extérieur. La particularité du langage écrit est, nous l'avons vu, de supposer un contrôle du scripteur lui-même sur sa propre activité, et c'est le problème de ce passage qui est un des points centraux de l'apprentissage de l'écrit.

Les origines interpsychiques du langage écrit se trouvent bien entendu dans de nombreuses pratiques quotidiennes des élèves qui, comme le montrent notamment les recherches de Hickmann (1985), se développent de façon importante au cours de la scolarité. Ces pratiques doivent toutefois être intégrées dans des activités plus systématiques et plus liées à l'écriture pour aboutir au « décrochage » de l'écrit. Trois moments me semblent particulièrement importants pour garantir ce passage :

a) la préhistoire du langage écrit ;

b) le travail de différenciation des situations de production écrite par rapport à celles de l'oral ;

c) les situations d'apprentissage de production de textes écrits.

a) La préhistoire de l'écriture est le seul des trois domaines que Vygotsky a pu explorer (1978 b ; voir aussi Luria 1983). Il montre que différents facteurs se conjuguent pour donner naissance au langage écrit. Le geste est « le premier signe visuel qui contient l'écriture future de l'enfant comme le gland le futur chêne. Les gestes... sont de l'écriture dans l'air » (p. 281). Les jeux d'imitation ensuite permettent de découvrir que les objets peuvent acquérir une signification différente de leur signification propre. Le dessin pictographique pour sa part devient idéographique par l'intervention de plus en plus importante du langage oral. Finalement, la première forme d'« écrit », l'acte matériel d'écrire utilisé comme moyen mnémotechnique, dénote d'abord directement l'objet. L'« écrit » est utilisé comme symbole de premier ordre, pour ensuite se transformer en symbole de second ordre : des signes écrits de symboles parlés. Luria a montré que « ce n'est pas la compréhension qui génère l'acte (d'écrire), mais bien plus l'acte qui donne naissance à la compréhension... Avant que l'enfant ait compris le sens et le mécanisme de l'écriture, il a déjà fait de nombreuses tentatives pour élaborer des méthodes primitives ; elles constituent pour lui la préhistoire du langage. » (p. 276).

L'importance cruciale de cette préhistoire a été récemment mise en évidence par d'autres méthodes. Dans une étude des causes des différences dans les capacités d'écriture, Kroll (1983) a montré que le facteur décisif n'était pas tant le développement langagier ou le feedback parental que le rapport des parents à l'écrit et donc la connaissance que l'enfant a de l'écrit avant d'écrire lui-même. Il va sans dire que ce facteur est lié à l'appartenance de classe.

b) Écrire un texte présuppose en général la simulation d'une situation (Ong parle de « fictionalize », 1982) : celle du destinataire et des effets probables de la forme et du contenu du texte sur lui. Elle nécessite une bonne connaissance des contraintes situationnelles de l'écrit qui sont assez différentes de celles de l'oral. Comment se fait le passage de l'un à l'autre ?

Il semblerait que certaines pratiques éducatives contribuent plus ou moins implicitement à construire chez les enfants la capacité de comprendre ou de se rendre compte des différences situationnelles. Par des méthodes éthnograpiques, Michaels et Collins (1984) ont mis en évidence l'existence de telles situations dans les écoles américaines. Ce sont des activités langagières particulières appellées « sharing time » ou « show and talk » qui se déroulent quotidiennement et durant lesquelles les enfants sont encouragés à donner une description d'un objet ou le récit d'un événement passé. A travers ses questions et ses commentaires, l'enseignant essaye d'aider les enfants à centrer leur discours sur un thème et à le structurer, à tenir compte du savoir de l'auditoire, à nommer précisément les objets, à situer temporellement et spatialement les événements, à motiver et annoncer des changements de thèmes, bref à construire un texte décontextualisé sur un thème spécifique. La situation est intermédiaire entre le discours oral et le discours écrit : elle se déroule face à face, avec l'utilisation possible de l'intonation et des feedback immédiats, mais en présence d'un auditoire relativement formelle, avec peu de possibilités d'utiliser des gestes et donc la nécessité de produire un discours qui ne peut s'ancrer directement dans la situation. Le schéma sous-jacent qui guide les interventions de l'enseignant est littéraire, orienté par des modèles classiques de narration et de description.

De telles situations, et probablement d'autres analogues, sont importantes pour comprendre les contraintes situationnelles de l'écrit et pour passer d'un contrôle extérieur de l'activité langagière à un contrôle intériorisé. Le modèle littéraire sous-jacent pose cependant d'importants problèmes à de nombreux enfants. Dans l'étude mentionnée, par exemple, il semblerait que les enfants noirs ont des modèles de récits différents qui rendent les interventions de l'enseignant aléatoires et difficilement compréhensibles pour l'élève.

Il est possible que les contraintes situationnelles apparaissent mieux dans des situations dans lesquelles l'efficacité communicative d'une activité langagière est plus directement contrôlable ou peut au moins être discutée selon des critères relativement objectifs. Elsasser et John-Steiner (1977) ont essayé d'opérationnaliser une approche de ce type en se basant sur la conception vygotskyenne du langage intérieur. Apprendre à écrire, disent-elles en citant Vygotsky, est apprendre à passer du « maximally compact inner speech through which experiences are stored to the maximally detailed written speech requiring what might be called deliberate semantics — deliberate structuring of the web of meaning. » (p. 358) Cet apprentissage se fait à travers des interactions structurées de telle manière qu'un langage de plus en plus décontextualisé est nécessaire pour résoudre un problème (décrire une image en mot-clé de telle manière qu'elle peut être identifiée ; notes d'achat pour soi-même ou pour un autre ; description d'une figure géométrique à dessiner, avec ou sans contact visuel). La discussion des textes produits dans de telles situations permet de mieux mettre en évidence les contraintes situationnelles de production.

Il s'agit donc d'une approche qui essaye de montrer les particularités de fonctionnement des textes écrits en permettant de saisir les contraintes imposées par la situation pour être efficace au niveau communicatif. Cela est possible pour des textes avec un but et des destinataires clairement définis. Il est intéressant de constater que ce sont justement des types de texte largement négligés dans les situations d'apprentissage de production de textes à l'école.

c) Dans nos sociétés, c'est l'école qui propose des situations systématiques d'apprentissage de la production de textes écrits (voir Scribner et Cole 1981 pour une transmission de l'écrit sans école dans une société africaine, les Vai). Il est important d'analyser les pratiques d'enseignement pour voir quel type de langage écrit est promu, pour comprendre quel est le rapport que l'école construit entre élèves et langue écrite et pour pouvoir éventuellement intervenir de façon efficace dans la transformation de ces pratiques.

Une étude empirique de l'histoire de l'enseignement de la composition en Suisse romande (Schneuwly, 1984) a permis de mettre en évidence trois phases clairement distinctes : En 1832 apparaît en Suisse romande le premier texte qui pose la nécessité de l'enseignement de la composition pour l'école primaire et qui se termine en disant : « l'unique but dans lequel j'ai mis la main à la plume pour rédiger cet opuscule, c'est d'être utile aux enfants de notre heureux et beau Canton, en leur épargnant pour l'avenir les peines que coûte actuellement à beaucoup de gens la gestion de leurs affaires » (Mignot 1832, p. 211). La nécessité est donc d'ordre pratique : pour pouvoir régler ses affaires de « seing privé » (affaires non enregistrées devant notaire), pour écrire des lettres, contrats, baux, demandes, etc., il est nécessaire d'apprendre à composer de petits textes.

Avec l'introduction de l'école obligatoire autour des années 1870, la visée utilitaire tend à disparaître. Seules les lettres écrites à l'école témoignent encore de ce souci premier. Une méthodologie très rigoureuse d'enseignement de la composition, basée sur plusieurs pilliers fait son apparition : a) un canon rigide et relativement limité de genres scolaires : description - portrait - narration ; b) la composition de textes en partant de l'observation minutieuse de la nature ou en développant un canevas très explicite ; c) un travail sur la phrase analysée en suivant une démarche grammaticale de complexité croissante ; d) l'imitation des auteurs (encore relativement peu développée au niveau de l'école obligatoire). Il est probable que le but visé par un tel enseignement n'était pas en premier lieu la capacité de produire de façon autonome un texte de réflexion ou d'argumentation, ou même une narration, mais probablement la reconnaissance d'une norme d'écrire d'une part et certaines capacités de composition essentiellement reproductive de l'autre.

Autour des années 30, un important courant de réforme de l'enseignement du français se fait jour, notamment sous l'impulsion de la psychologie du développement, de la psychanalyse, etc. et plus profondément encore lié aux changements sociaux de ces années (crise, restructuration économique). La visée générale de ce mouvement peut être résumée par le mot d'ordre : « mettre l'enfant au centre de l'enseignement ». Une rupture avec les méthodes traditionnelles d'enseignement de la composition est amorcée. Le point de départ pour la production de textes écrits est dorénavant l'enfant avec ses expériences, ses souvenirs, ses sentiments. La production d'un texte original, beau, et si possible bien écrit est l'idéal à atteindre. Cette rupture n'est cependant pas totale : le rôle des modèles de référence (les auteurs reconnus, la littérature) est accentué. Et les genres scolaires produits restent limités : pour l'essentiel la description et la narration, genres littéraires par excellence. L'observateur de cette période a le sentiment d'assister à un mouvement paradoxal : simultanément libération de l'expression et imposition d'une norme abstraite plus contraignante. Bally, défenseur de la réforme, y est d'ailleurs sensible : « Et de fait, M. Jourdain est aussi embarrassé dans le beau langage qu'il est engoncé dans ses habits de cour. » On assiste donc, à cette période, à la fois au développement de certaines capacités de mise en texte autonome et à la limitation de cette capacité par le régulateur puissant qu'est la norme ; l'appropriation de la langue écrite ne peut être que partielle.

A l'heure actuelle enfin, on assiste à un mouvement qui tend à desserrer l'étau rigide dans lequel l'élève apprend à écrire : le poids du littéraire tend à diminuer et de nombreux genres textuels font leur entrée à l'école. L'écrit n'apparaît plus seulement comme moyen de représenter quelque chose (objets, événements ou sentiments), mais comme outil pour agir dans la réalité, comme moyen de réflexion, comme objet de jeu. Le narratif et le discursif (les deux types fondamentaux de fonctionnement langagier) sont mis en valeur. Cet élargissement peut être accompagné d'un travail sur la langue qui ne se limite pas à la seule phrase comme objet d'étude, mais qui prend en considération le fonctionnement des textes. Il se trouve d'ailleurs — et cette considération est un argument de poids en faveur de l'élargissement de l'éventail des genres textuels abordés à l'école — que des textes visant un effet communicatif direct sur un interlocuteur (convaincre, expliquer, informer) se prêtent beaucoup mieux à la discussion et à la réflexion en classe et permettent une meilleure prise de conscience de l'acte d'écriture.

**Contrôle de l'activité langagière**

La plupart des situations de production dans lesquelles on utilise l'écriture supposent des capacités de planification et de distanciation relativement développées ainsi que des capacités de réflexion consciente sur la langue et le langage. En effet, de nombreux aspects des textes écrits, notamment les rapports texte-contexte, énonciateur-texte, texte-destinataire, mais aussi la structure du texte, la relation entre les parties du texte et même entre éléments du texte peuvent ou doivent faire l'objet d'une représentation précise, souvent consciente.

Autrement dit : tout ou partie de ces aspects doivent pouvoir être contrôlés par le sujet scripteur. Autrement dit encore : le sujet doit avoir un contrôle développé sur sa propre activité de production langagière. Quels sont les moyens à sa disposition pour construire et effectuer ce contrôle ? C'est le troisième axe de recherche défini dans le cadre de la théorie vygotskyenne.

Les situations sociales que nous avons décrites plus haut et qui contrôlent d'une certaine manière le comportement langagier des élèves sont bien entendu toujours langagières et dans ce sens le langage est médiateur de l'activité langagière. On peut cependant faire l'hypothèse que certains signes et systèmes des signes qui peuvent jouer ce rôle de contrôle préfigurent en quelque sorte dans la langue même un fonctionnement langagier à plusieurs niveaux. Prouver une telle hypothèse est très difficile. Ce qu'on peut démontrer est que :

a) certaines unités linguistiques, propres à l'écrit, présupposent des capacités d'anticipation et de planification relativement élevées et donc un contrôle élaboré des mécanismes de production ; b) ces unités se développent ou apparaissent à des niveaux spécifiques de développement du langage écrit. Le chaînon manquant, celui de la médiation directe de l'activité par de tels soussystèmes langagiers ne peut être mis en évidence à l'état actuel de la recherche. Des expériences didactiques pourront peut-être nous donner des renseignements plus précis à ce propos.

Je vais donner dans ce qui suit quelques exemples d'unités linguistiques pouvant assumer une fonction de structuration du texte, d'intervention dans le texte, d'orientation de l'attention du destinataire, de distanciation par rapport au texte, etc.

### Analyse de quelques unités linguistiques constituant la trace d'opérations textuelles complexes

Pour explorer d'un point de vue développemental la capacité d'appliquer des opérations textuelles complexes et notamment d'intervenir en tant qu'énonciateur dans le texte, j'ai fait produire des textes écrits dans la situation suivante : expliquer pour un livre le jeu de cache-cache, connu de tous les sujets, et dont les principales phases sont écrites au tableau noir. 30 élèves des classes de 4e, 6e et 8e suisses, âgés approximativement de 10, 12 et 14 ans (1), et 30 adultes ont produit des textes en suivant cette consigne.

Mes hypothèses étaient les suivantes : Le caractère explicatif du texte se manifeste par une prise en charge particulière du contenu du jeu par l'énonciateur. Ceci se manifeste à plusieurs niveaux : structure du texte, interventions directes de l'énonciateur dans le texte, types de relation établie entre les différents éléments du texte, etc. La prise en charge du point de vue explicatif suppose une capacité de planification du texte relativement développée et la possibilité de distanciation par rapport à celui-ci. Ces capacités existent dans une moindre mesure chez les élèves plus jeunes qui dès lors utilisent moins les possibilités de la langue de se réfléchir sur elle-même.

#### a) De la disparition du MAIS comme organisateur du texte

Dans les textes analysés, deux types d'utilisation du MAIS peuvent être distingués : d'une part les MAIS qui apparaissent à des points stratégiques du texte (p. ex. changement d'acteurs : « Le chercheur trouve, court et dit un, deux, trois et le nom. Mais les autres peuvent se délivrer... » ; extrait de texte d'un élève de 6e), d'autre part ceux utilisés localement pour limiter les attentes créées chez le lecteur par certains mots ou expressions (« extérieur, mais aussi intérieur ; il prospecte, mais reste proche du but » ; extraits de textes d'adultes).

Des différences intéressantes apparaissent entre les groupes (tableau 1), en ce qui concerne la fréquence des MAIS dans ces deux catégories.

| | 4e | 6e | 8e | AD |
|---|---|---|---|---|
| Changement d'acteur | 8 | 17 | 11 | 5 |
| Utilisation locale | 0 | 0 | 5 | 10 |
| Total | 8 | 17 | 16 | 15 |

**Tableau 1** : Nombre de MAIS en fonction des groupes et de deux catégories de fonction

On constate tout d'abord que les MAIS sont moins utilisés en 4e que dans les autres groupes. Lorsqu'ils sont utilisés en 4e, en 6e et encore en 8e, les MAIS servent essentiellement à introduire un nouvel acteur dans le déroulement du texte. En ce sens, ils assument le rôle important de « charnière ». Cela commence à changer en 8e et surtout chez les Adultes qui utilisent le MAIS beaucoup plus localement (dans les textes considérés).

La question qui se pose alors est de savoir comment les Adultes effectuent les changements de perspective textuelle. Une analyse de contenu permet de définir les endroits du texte dans lesquels il y a changement. On peut observer les faits suivants : contrairement aux autres groupes où la plupart des changements soit ne sont pas marqués soit sont marqués seulement par MAIS, les Adultes utilisent une grande variété de procédures : question rhétorique, exclamation (attention !), paragraphe avec numérotation éventuelle, thématisation (« le rôle des autres est... »), organisateurs textuels (toutefois, par contre, de même), etc. Les moyens peuvent être cumulés (Alinéa : « Mais attention, voilà l'astuce : les autres... »).

Ces analyses permettent d'entrevoir le rôle important que semble jouer le MAIS dans la construction d'un texte. Il signale, pour l'énonciateur et le destinataire, un changement de perspective dans le texte, changement qui, à un niveau plus élevé de maîtrise, peut être marqué par d'autres moyens, voire par plusieurs moyens à la fois.

Il n'est pas possible d'interpréter ces résultats de façon isolée. Une série d'autres données sur les organisateurs textuels (voir Schneuwly 1984) me permettent toutefois de les considérer comme des traces de planification textuelle de niveaux différents : la relative rareté des MAIS en 4e est le résultat d'une planification pas à pas, utilisant l'acte d'écriture d'un énoncé comme base de départ pour le prochain ; l'utilisation des MAIS par les élèves de 6e (et par certains élèves de 8e) pour changer de perspective est un effet d'une planification en « unités de pensée », ensemble d'actions fortement cohérentes au niveau de la superstructure ; l'utilisation d'autres moyens plus explicites par les adultes s'explique par le fait que la superstructure est prise en charge du point de vue de l'explication (qui est le but du texte en question) et donc structurée d'un point de vue global. Le texte ne dit plus seulement comment on joue, mais le dit pour un autre, dans un certain but. Le dire est transformé, structuré par la situation de production.

### b) Montrer dans le texte

Tout texte avance et se développe par la reprise continuelle d'éléments précédents. Il est la résolution continuelle de la contradiction entre progression et cohésion, rupture et continuation. Deux procédures, parmi de nombreuses autres, assurent cette tâche : la procédure anaphorique permet de maintenir le focus, une fois celui-ci établi dans le texte ; la procédure déictique, réalisée en français par les pronoms et adjectifs démonstratifs, dirige l'attention du lecteur (pour parler de l'écrit) sur des éléments spécifiques de l'espace linguistique commun (le texte). Cette deuxième procédure semble résulter d'une attitude textuelle spécifique, nécessaire dans certaines situations de communication : quand il s'agit d'expliquer quelque chose, d'argumenter à propos d'un fait, etc. L'analyse des formes démonstratives peut donc être révélatrice, elle aussi, du type de prise en charge de la trame textuelle, du point de vue adopté pour exprimer le contenu.

Pour l'analyse des textes « Explication de jeu de cache-cache », j'ai compté comme forme démonstrative toute unité linguistique de type « ce » ou « celui » et leurs dérivés qui se rapportent à une partie précédente du texte.

On peut distinguer deux classes d'unités différentes parmi l'ensemble des formes relevées :

— les adjectifs et pronoms démonstratifs se rapportant à un nom ;

— les pronoms démonstratifs seuls se référant à une unité autre qu'un nom dans le texte qui précède (phrase, paragraphe). Le tableau 2 donne les résultats du relevé de ces formes.

| | 4e | 6e | 8e | AD |
|---|---|---|---|---|
| Pronoms et adjectifs démonstratifs | 1 | 6 | 13 | 25 |
| Formes démonstratives se référant à phrase ou paragraphe | 0 | 3 | 11 | 11 |
| Total | 1 | 9 | 24 | 36 |

**Tableau 2** : Nombre de formes démonstratives en fonction de 2 catégories

Les adjectifs démonstratifs — les pronoms du type « celui-ci » sont relativement rares — accompagnent en général un nom désignant une personne (« ce joueur », « cette personne »). Les démonstratifs se rapportant à des unités autres qu'un nom apparaissent toujours seuls dans les textes analysés. Il y a d'une part des formes du type « cela, cela, c' » qui se rapportant à des contenus qui viennent d'être énoncés et qui sont ainsi commentés dans le texte. Il s'agit d'autre part d'expressions relativement rares du type « ci-dessus » dont l'utilisation présuppose une vision spatialisée du texte.

La possibilité de montrer dans le texte — relativement importante dans le contexte d'une explication — n'est pas vraiment utilisée par des élèves de 4ᵉ et 6ᵉ. Cela pour deux raisons probablement interdépendantes (d'autres résultats soutiennent une telle interprétation) : a) la prise en charge d'un point de vue explicatif du contenu du texte est beaucoup moins développée chez les élèves plus jeunes et donc la nécessité de montrer précisément les éléments du texte est moins grande ; b) la possibilité de montrer dans le texte n'est pas encore réellement acquise ; cela se comprend, lorsqu'on analyse l'opération complexe qu'elle présuppose : utiliser un démonstratif implique toujours de revenir en arrière, de prendre le texte ou le bout de texte qu'on vient d'écrire comme objet d'une opération déictique. Les formes démonstratives semblent être ainsi la trace d'opérations complexes sur un co-texte linguistiquement créé, opérations qui sont probablement la résultante de la définition du but de l'activité langagière : celui d'expliquer.

### c) Quelques signes de ponctuation

La possibilité d'intervenir dans son propre texte apparaît plus clairement encore dans l'utilisation de certains signes de ponctuation. Je ne donnerai que deux exemples particulièrement significatifs.

Les *guillemets* sont bien sûr utilisés pour introduire le discours direct (qui, soit dit en passant, est aussi un texte sur un texte ; voir Hickmann 1985 à ce propos). Nous nous intéresserons cependant à l'utilisation des guillemets lorsqu'ils servent manifestement une autre fonction. 11 textes de 8ᵉ (38 occurrences) et 19 adultes (84 occurrences) contiennent de tels signes contre 1 seul en 6ᵉ et aucun en 4ᵉ.

Deux classes de termes sont mis en guillemets : la majorité des guillemets sont utilisés pour le verbe «coller » (c.à.d. jouer le rôle de celui qui doit chercher les autres) et ses dérivés, équivalents ou opposés. Il s'agit d'une famille de mots qui est ainsi mise en évidence. Mentionnons à titre d'exemple : « coller, colleur, collé, chasser, chasseur, délivrer, dénoncer, le trouvé, le caché, cacher, barrer, sauver ». Il s'agit en fait des termes techniques du jeu de cache-cache et il semblerait que bon nombre d'élèves éprouvent le besoin de les marquer comme tels par les guillemets. La fonction technique apparaît aussi dans la mise en guillemets de certains termes qui en soi n'ont rien de technique, mais qui le deviennent dans le contexte : la « maison » pour le point de « collage », ou le « mur », le « point ». Les guillemets rappellent aux lecteurs qu'il ne s'agit pas du mur en général, mais de ce mur particulier dont on parle dans le texte présent. Les guillemets sembleraient donc être utilisés pour mettre en évidence l'usage particulier de certains mots dans le contexte donné.

Autant que de mise en évidence il s'agit probablement de distanciation par rapport aux termes utilisés, notamment quand il s'agit de néologismes du type « colleur » ou « chercheur », souvent mis entre guillements par les adultes. Cela est plus évident encore pour une autre classe de termes mis en guillemets : des termes « techniques » (!) utilisés seulement dans des contextes argotiques : « zig-zag-zoug », « am-stram-gram », « pellefoin » pour les jeux de comptage ou alors des mots comme « matheux », en « a marre », « faire tous les coins », phrase « magique ».

Il y a donc deux types de fonctions des guillemets : la mise en évidence et la distanciation. Souvent il s'agit des deux à la fois. Il est pourtant nécessaire de postuler les deux, étant donné que certaines occurrences ne peuvent être expliquées que par un seul des deux facteurs. Il n'y a pas de raison de mettre « cacher » entre guillemets, sinon pour le faire apparaître comme terme technique dans un certain contexte. De même, il n'y a pas de raison de mettre « a marre » entre guillemets sinon pour marquer la distanciation par rapport au terme utilisé qui est ressenti comme douteux du point de vue de la norme.

L'utilisation des guillemets semble être le résultat de deux types de contrôle du texte : la mise en évidence vise plutôt le destinataire auquel on fait comprendre l'usage particulier des termes dans le contexte explicatif actuel. La distanciation, tout en étant aussi un clin d'œil au destinataire, opère plutôt par rapport à une exigence de norme qui pèse lourdement sur toute production écrite.

Pour les *parenthèses*, on trouve approximativement le même pattern d'utilisation en fonction des groupes que pour les guillemets (voir tableau 3) : peu d'occurrences jusqu'en 8e, ensuite utilisation de plus en plus fréquente.

| | 4e | 6e | 8e | AD |
|---|---|---|---|---|
| Textes avec parenthèses | 0 | 3 | 10 | 20 |

**Tableau 3 :** Nombre de textes contenant des parenthèses (N = 30)

L'analyse qualitative des parenthèses montre tout d'abord qu'elles apparaissent de façon privilégiée à des endroits où les règles du jeu ne fixent pas un déroulement strict, mais où plusieurs possibilités s'offrent au joueur. Le texte entre parenthèses sert alors à mettre en évidence quelques possibilités, ou bien à mentionner explicitement qu'il y a plusieurs possibilités et que ce sont les joueurs qui doivent choisir parmi elles. Il s'agit par exemple du nombre jusqu'auquel il faut compter (« jusqu'à 50 ou 100 »), de l'endroit où l'on compte (« une maison, un arbre, etc. »), du nombre de joueurs qui peuvent participer au jeu (« entre 3 et 10 »). Ces possibilités sont données comme alternatives. Elles ne définissent pas le jeu de manière essentielle et dans ce sens ne participent pas à la trame principale de l'explication. Elles ne sont donc pas vraiment intégrées dans le texte.

Pour d'autres utilisations, il est plus difficile de donner une description globale. Quelques exemples peuvent servir du point de départ à l'analyse : « joueurs (ou joueuses) ; copains (copines) ; compter à 50-100 (vitesse modérée) ; fermer les yeux (pour ne pas voir les autres) ; point de départ (voir ci-dessous) ; se trouvent en sécurité (le « colleur » ne peut plus les attraper) ; un, deux, trois (pour les sophistiqués on peut aller jusqu'à quatre) ». Il s'agit toujours d'un commentaire ou d'une intervention qui risque de briser l'unité du texte explicatif. Le locuteur essaye donc pour ainsi dire de le maintenir hors du texte.

Mais pourquoi maintenir certaines parties hors du texte ? La plupart des parenthèses analysées présentent une alternative soit au niveau du jeu et de ses règles, soit au niveau de la terminologie que l'on peut adopter. Apparemment il y a, lors de la production du texte, une régulation qui se fait par rapport au contenu principal du texte qui est règle, non-choix, exclusion d'alternative. Il y a une trame principale dessinée, un chemin critique qu'il faut suivre et par rapport auquel d'autres informations sont déterminées comme moins importantes ou comme accessoires. L'idée de la fonction de la parenthèse comme transformation du « message verbal linéaire en message parallèle tout en appliquant une sourdine au deuxième » (Fonagy 1980, p. 110) s'applique tout à fait aux usages trouvés dans les textes analysés.

Les guillemets et les parenthèses mettent en évidence l'existence d'une instance de contrôle qui définit la trame principale du texte, qui trie ce qui fait réellement partie du texte et ce qui est accessoire, ce qui est contenu essentiel et ce qui est commentaire, explication, clarification, alternative, mais aussi ce qui est conforme à la norme et ce qui ne l'est pas.

### d) Les interventions de l'énonciateur

L'explication du jeu de cache-cache se fait tout d'abord au niveau immédiat de la description du déroulement normal du jeu. Le texte est construit autour des joueurs et de leurs actions. Par rapport à cette trame essentielle du texte, l'énonciateur peut intervenir de différentes manières : en explicitant, en commentant, en annonçant le contenu qui va suivre, en définissant les conditions générales du jeu. Le premier niveau est celui de la représentation du contenu strict du jeu ; l'autre niveau, celui de l'intervention de l'énonciateur, est un élargissement par rapport à cette trame minimale. Il s'impose non pas tellement du point de vue de la représentation du jeu, mais du point de vue du destinataire et/ou des pratiques textuelles qui servent de modèle à l'activité « explication de jeu ».

Le relevé des occurrences d'intervention de l'énonciateur doit se faire en définissant des critères aussi précis que possible qui seraient les indices probables d'une opération d'intervention. J'ai défini les critères suivants :

— parenthèses, astérisques, deux points n'introduisant pas de discours direct et suivis par des expressions non phrastiques ;

— expressions introduites par « c.à.d. » ou « par exemple » ;

— questions rhétoriques et exclamations marquées conventionnellement ;

— introductions marquées par des procédés de mise en page (paragraphes ou autres) et/ou syntaxiques (forme non-phrastique des énoncés).

Le décompte global des unités ainsi relevées en chiffres absolus et par rapport au nombre de propositions donne le résultat suivant (tableau 4) :

| | 4e | 6e | 8e | AD |
|---|---|---|---|---|
| Nombre d'interventions | 5 | 15 | 44 | 93 |
| % d'interventions par rapport au nombre de propositions | 1.2 | 2.3 | 5.7 | 9.9 |

**Tableau 4 :** Nombre d'interventions de l'énonciateur

On voit se dessiner une tendance régulière à l'augmentation du nombre absolu et relatif d'interventions en fonction des groupes. Pour mieux évaluer et comprendre ces différences, il faut distinguer plusieurs catégories d'interventions :

1. définitions et explications
2. commentaires
3. introduction avec présentation du matériel, nombre de joueurs, etc.
4. annonces du contenu du texte.

La distribution des occurrences dans ces catégories est résumée dans le tableau 5.

| | 4e | | 6e | | 8e | | AD | |
|---|---|---|---|---|---|---|---|---|
| | N | % | N | % | N | % | N | % |
| Définition | 4 | 80.0 | 13 | 86.7 | 25 | 56.8 | 47 | 50.5 |
| Commentaire | 0 | 0.0 | 1 | 6.7 | 10 | 22.7 | 15 | 16.1 |
| Introduction | 0 | 0.0 | 0 | 0.0 | 3 | 6.8 | 12 | 12.9 |
| Annonces | 1 | 20.0 | 1 | 6.7 | 6 | 13.6 | 13 | 14.0 |
| ? | 0 | 0.0 | 0 | 0.0 | 0 | 0.0 | 6 | 6.5 |
| Total | 5 | 100.0 | 15 | 100.1 | 44 | 99.9 | 93 | 100.0 |

**Tableau 5 :** Formes d'intervention de l'énonciateur dans les textes informatifs : nombre et distribution en fonction de 5 catégories.

Il en ressort que les occurrences en 4e et 6e sont presque exclusivement du type explications/définitions. Il s'agit en général d'expressions introduites par « c.à.d. » ou « par exemple » ou de quelques mises entre parenthèses. Cette classe reste la plus importante chez tous les groupes de sujets. Une introduction définissant les conditions générales du jeu n'apparaît que chez les AD.

Des commentaires sous diverses formes : « (attention !), (plus on est, plus on rit), (selon la patience du compteur il est préférable que ces personnes ne soient pas trop nombreuses), etc. », sont faits par des sujets de 8e et AD. Les annonces du contenu du texte finalement se trouvent en 8e, quoiqu'en nombre restreint, et chez les AD. Il s'agit d'expressions du type « comme indiqué ci-dessus, comme décrit précédement, voici une proposition de jeu qui mettra en évidence votre imagination, voilà l'astuce », etc.

Les quatre catégories analysées recouvrent des opérations assez variées. La première n'est pas textuelle au sens strict du terme. Il serait plus correct de l'appeler « méta »-phrastique en ce sens qu'il s'agit d'une explicitation ou d'une définition par rapport à un terme, à une expression, à un énoncé à un certain endroit du texte. L'opération d'explicitation ou de définition se fait localement, sans tenir compte du texte dans son ensemble ou d'autres parties du texte. Du point de vue contenu aussi, on reste dans la linéarité du texte.

Les commentaires quant à eux se situent clairement hors de la trame principale linéaire ; ils l'interrompent — ce qui est d'ailleurs souvent signalé par la mise entre parenthèses. L'opération en tant que telle n'a pas besoin de tenir compte de la structure globale du texte ; elle peut intervenir n'importe où selon la volonté du énonciateur.

La troisième catégorie est en fait un élargissement du texte par une définition des conditions générales en guise d'introduction. L'utilisation de ce procédé qui apparaît à peu près chez un tiers des sujets de AD, est nettement inspiré du modèle de texte « explication de jeu » qui prévoit au début ou plutôt hors texte, l'énumération des conditions minimales requises pour jouer un jeu (voir aussi la recette de cuisine). La définition générale des conditions de jeu est en ce sens révélatrice de l'attitude du locuteur par rapport à la situation d'énonciation et au texte. Très généralement cette attitude pourrait être décrite comme « abstraction maximale par rapport à la situation d'énonciation ». Elle apparaît notamment dans le fait que l'exposition du matériel se fait sous forme de mots-clés ou de phrases à l'infinitif, donc d'énoncés marqués de façon minimale du point de vue énonciatif.

Enfin, la quatrième catégorie implique une prise en considération très explicite de la structure textuelle. Il s'agit véritablement d'opérations sur le texte, prenant comme objet le texte déjà écrit ou à écrire ou l'activité à réaliser.

Même si les interventions de l'énonciateur sont en général relativement peu fréquentes, leur apparition est révélatrice de l'attitude de l'énonciateur par rapport à son texte. Cela est particulièrement vrai pour les catégories 2, 3 et 4 qui impliquent toutes, sous une forme ou une autre, une distanciation importante par rapport au texte ou la situation d'énonciation. La distribution des occurrences en fonction de ces catégories confirme nettement les observations faites sur les autres marques analysées. Ce sont les preuves tangibles du fait que l'énonciateur adopte par rapport à son texte un rapport « objectif », un rapport dans lequel son propre texte apparaît comme objet sur lequel il intervient et non pas seulement comme simple produit d'une activité dans laquelle il est engagé. L'activité langagière en tant que telle change du point de vue de sa structure et de son fonctionnement.

## Conclusions

Ces quelques exemples d'emploi d'unités linguistiques avaient essentiellement pour but de montrer l'importance qu'il y a à prendre son propre texte comme objet d'intervention, comme objet à structurer, comme objet à expliciter. La nature auto-réflexive du langage fait de celui-ci l'outil par excellence pour ce type d'opérations. Apprendre le langage écrit, et notamment apprendre à écrire des types de texte informatifs et argumentatifs, implique aussi apprendre à prendre sa propre activité langagière et son produit comme objet ; cela signifie contrôler d'une manière ou d'une autre son activité langagière. L'appropriation des unités linguistiques analysées (et de nombreuses autres) a comme conséquence et présupposition une transformation radicale de l'activité langagière écrite. C'est dans ce sens qu'on peut affirmer que les possibilités auto-réflexives du langage sont des médiateurs puissants du comportement langagier pour l'acquisition de l'écrit.

Une approche vygotskienne du développement du langage se doit, en résumé, de poser des questions et d'intervenir à trois niveaux au moins (nous avons essayé de le démontrer et de l'illustrer) : au niveau de l'analyse des pratiques sociales de l'écrit et de la définition de l'activité langagière, au niveau de ses origines interpsychiques (préhistoire de l'écrit, situations de communication par écrit, rapport au langage) et au niveau des médiations sémiotiques des activités langagières permettant le contrôle et la transformation de ces dernières. Le chaînon manquant est bien sûr celui de la *zone proximale de développement,* quatrième axe de recherche défini plus haut. Il est relativement facile de définir théoriquement sa place dans le cadre présenté : la nécessité et la possibilité pour l'enfant de prendre distance par rapport à son activité propre grâce à l'assistance d'adultes et à la collaboration avec d'autres enfants élargissant ses potentialités à un niveau donné dans un sens donné. Le problème pratique qui se pose est celui de la définition de la zone et des formes d'assistance à choisir en fonction du niveau et des buts à atteindre à travers l'enseignement. Il s'agit là de problèmes didactiques que je ne pourrai malheureusement pas aborder dans le cadre de cette contribution.

*Notes*

1. C'est à dessein que j'indique les classes plutôt que les âges ; en effet, le développement du langage écrit dépend par excellence de l'institution scolaire et non pas d'un mystérieux développement biologique mesuré en terme d'années de vie.

# 9. Processus sociogénétiques de la communication verbale*

Vera John-Steiner et Carolyn P. Panofsky
University de New Mexico

Notre approche, qui tente de dépasser les conceptions nativistes et behavioristes, se caractérise par la place essentielle qu'elle accorde au rôle de la culture et de l'histoire dans la construction et l'emploi du langage (cf. par exemple John-Steiner et Tatter, 1983). Le terme de *sociogenèse* qu'a proposé Bain permet de le caractériser. Comme l'a écrit cet auteur :

« Les idées maîtresses de la sociogenèse sont peu nombreuses : il y a celle de Bertanlaffy qui considère que l'être humain est le seul être du règne animal qui fait et qui est fait par les signes sociaux constituant sa réalité ; il y a celle de Humboldt pour lequel le langage n'est pas *l'ergon* mais *l'energia* et devrait donc être étudié du point de vue génétique et non comme un produit permanent ; il y a celles de Marx et Engels pour lesquels le langage est la pensée concrétisée et est soumis à la dynamique de l'histoire sociale ; il y a celles de Mead, Dewey, Peirce et Bruner pour lesquels la fonction la plus précoce du langage est pragmatique — orienter, contrôler et modifier les activités humaines — et ne peut donc être séparée des relations sociales ; il y a enfin celle Sapir qui considère que la nature de la conscience est essentiellement verbale » (1983, p. XXII).

Vygotsky a été le premier à articuler ce que Bain décrit comme le leitmotiv de la pensée sociogénétique : « admettre que derrière tous les processus mentaux il y a les relations réelles entre les gens » (1962). Dans « *Thought and language* », Vygotsky a comparé les ressemblances et les différences entre les moyens de communication chez les anthropoïdes et chez les êtres humains. Il a également étudié le développement de la parole depuis les toutes premières vocalisations jusqu'à la formation du langage intérieur et de la pensée verbal, soulignant que « *la nature du développement lui-même change*, de biologique elle devient socio-historique » (1962). Selon lui, chez les mammifères supérieurs, l'emploi des sons, comme moyens de communication, diffère qualitativement de « *l'emploi fonctionnel des signes...* tel qu'il se manifeste dans le langage des êtres humains » (1962, p. 38). Il considère l'emploi du langage par les êtres humains comme une unification nécessaire de la parole et de l'action. Dans l'analyse qu'il a faite de « l'outil et le symbole dans le développement de l'enfant », Vygotsky a écrit :

« Le langage, cette capacité spécifiquement humaine, fournit aux enfants des outils qui les aident à résoudre les tâches difficiles, à surmonter les actes impulsifs, à planifier la solution d'un problème avant de passer à l'exécution et à maîtriser leur propre comportement. Les signes et les mots servent d'abord et avant tout de moyen de contact social avec autrui. Les fonctions cognitive et communicative du langage deviennent ensuite le fondement d'une forme nouvelle et supérieure d'activité chez les enfants, qui les distingue des animaux. » (1978 a, pp. 28-29).

Cette insistance sur les modes spécifiquement humains et socialement structurés de l'acquisition du langage se retrouve chez de nombreux chercheurs qui étudient le langage dans des situations variées. Malgré l'importance croissante du courant sociogénétique en ce domaine, les anciennes controverses entre nativistes, behavoristes et piagétiens se poursuivent. Un des thèmes majeurs de ce débat est le rôle de l'input langagier, en particulier la façon dont les adultes simplifient et clarifient leur langage quand ils s'adressent aux très jeunes enfants. De tels changements dans le langage employé avec les enfants ont-ils une importance ? Ou bien, comme l'affirment les nativistes, tout langage parlé comporte-t-il des insuffisances et est-il donc dépourvu des qualités que devrait présenter un modèle efficient pour le novice ? Il s'agit là de points extrêmement importants pour la théorie sociogénétique du langage.

## Le rôle de l'input langagier dans l'acquisition du langage

L'état de dépendance prolongée des jeunes enfants à l'égard des personnes qui veillent sur eux est l'un des universaux biologiques majeurs qui modèlent l'acquisition du langage. Les tout premiers échanges communicatifs se font sous forme de contacts visuels, de sourires, de vocalisations ; pour les personnes qui prennent soin d'eux et qui sont souvent surchargées de travail, ce sont des signes de reconnaissance mutuelle et de plaisir. Les adultes traitent habituellement les bébés comme des personnes qui ont des intentions et ils utilisent dans leurs interactions avec les jeunes enfants à la fois leurs connaissances générales de ce qui est significatif dans le discours et leurs connaissances spécifiques des jeunes enfants dont ils s'occupent.

Dès les premières heures après la naissance commence à se développer une relation intersubjective entre le bébé et la personne qui s'en occupe (Trevarthen, 1980) ; cette relations se transforme en des interactions finement ajustées, comme l'ont montré des recherches sur les débuts de l'acquisition du langage. Le langage employé avec les tout-petits est ajusté de façon à maximiser les chances de succès de la communication. Il est caractérisé par une syntaxe simplifiée, une hauteur tonale élevée, une durée des mots plus longue que d'habitude, l'emploi de contours intonatifs distincts, un redoublement des unités phonologiques, des phrases plus courtes et un vocabulaire simplifié (voir Ferguson, 1977 ; Garnica, 1977 ; Newport, Gleitman et Gleitman, 1977). Même les enfants âgés de quatre ans ajustent leur langage à celui de ceux de deux ans, comme l'ont montré

Gelman et Schatz (1973). En outre, des travaux récents ont commencé à mettre en évidence l'importance de faits non linguistiques tels que la synchronisation du geste et du regard, pour faciliter la communication de l'input langagier (Zukow, Reilly et Greenfield, 1982).

Lorsque leurs besoins de dépendance sont satisfaits et qu'ils sont capables d'avoir des échanges bien ajustés avec les adultes qui les connaissent bien, les enfants passent de la conversation gestuelle à des activités conjointes de jeux de communication formatés tels que « coucou-cachette » que Bruner (1983) a si bien décrits. Plusieurs travaux illustrent ce que Bruner a appelé « le principe de passer la main » (*hand-over principle*), c'est-à-dire qu'avec le temps, grâce au processus de bon ajustement, la personne qui s'occupe de l'enfant lui laisse prendre une part croissante de responsabilités dans les activités, de telle sorte que les rôles de donneur et de receveur deviennent réversibles. Ainsi, non seulement les locuteurs ajustent leurs propos afin de communiquer le mieux possible avec les jeunes enfants à tout moment, mais encore ils modifient progressivement leurs ajustements pour que la participation de celui qui apprend devienne de plus en plus grande.

Le rôle spécifique du langage employé avec les enfants demeure cependant un sujet encore très controversé. Les objections qu'on adresse à la conception interactioniste ou sociogénétique sont fondées sur l'incapacité de certaines études à rendre compte des inter-relations entre, d'une part, stimuli linguistiques et non-linguistiques et, d'autre part, développement cognitif et développement socialement facilité. C'est pourquoi certains chercheurs continuent à accorder la première place aux facteurs biologiques dans leurs explications du développement du langage. Gleitman, par exemple, suggère que l'apprentissage du langage ne dépend ni de facteurs externes, ni des interactions adulte-enfant. Elle suggère (Gleitman, 1981) que « c'est dans les capacités et les dispositions innées des individus, dans les règles et les représentations qui concernent spécifiquement le langage, que doit se trouver une bonne partie de l'explication. » Ses arguments sont fondés sur le fait que certaines formes syntaxiques apparaissent à peu près au même âge dans des environnements qui pourtant diffèrent. Cette position est contestée par les comparaisons inter-culturelles que Slobin et ses collaborateurs (1980) ont effectuées. En outre, certaines recherches ethnographiques récentes et certains travaux sur les environnements préscolaires, que nous présenterons ultérieurement, mettent également cette position en question. La discussion sur la part des déterminants sociogénétiques et sur celle des déterminants biogénétiques nécessite que l'on isole de nombreux aspects de la croissance qui sont en interrelation. Les circonstances habituelles ne nous offrent guère d'occasion d'y parvenir.

Une circonstance extraordinaire que nous rapporte un travail récent de chercheurs japonais fournit des éléments permettant d'éclairer ce débat. L'étude de Fujinaga (1983) et de son équipe a porté sur deux enfants qui avaient été pratiquement abandonnés par leurs parents. Bien qu'âgés d'environ six ans au moment où on les avait découverts, ils avaient la taille et le poids de tout-petits enfants. Durant les premières années de leur vie, leurs parents les avaient gardé dans un petit espace fermé, sans aucune surveillance adulte. Ils n'avaient survécu que grâce à des enfants plus âgés. Les chercheurs japonais ont constaté que non seulement ces enfants avaient été sous-alimentés, mais encore qu'ils avaient souffert du manque d'interactions et de stimulations linguistiques, émotionnelles et cognitives. A six ans, ces enfants ne savaient pas parler et ils n'avaient même pas acquis la marche, processus biologiquement programmé s'il en est.

Une fois placés dans un environnement de soin adéquat, ces rescapés n'ont commencé à marcher que des semaines après leur placement dans l'institution. Leur développement émotionnel a été plus lent, et des années après qu'on les ait sauvés, leur affirmation de soi avait encore un faible niveau. C'est le langage et le développement cognitif qui ont été les plus lents à progresser. Fujinaga souligne que les interactions verbales avec « des adultes attentionnés et compatissants » (dont les enfants avaient été privés dans leur environnement familial d'origine) ont joué un rôle décisif dans la maîtrise du langage. Une fois capables d'établir des liens avec leurs infirmières, les aspects communicatifs de leur développement verbal ont progressé. Toutefois, c'est le langage employé à des fins cognitives qui a évidemment le plus souffert de l'absence d'interactions verbales régulières et bien ajustées tout au long des premières années. Nous reviendrons plus loin sur l'importance de l'input langagier adressé à l'enfant et sur son influence sur le développement des usages cognitifs du langage.

L'histoire de ces malheureux enfants japonais montre que ce n'est pas simplement en testant des hypothèses sur les règles syntaxiques de sa communauté linguistique que l'enfant parvient à parler. Mais point n'est besoin de faire appel à des exemples de privation de ce type pour trouver des variations dans le langage qu'entend l'enfant et observer les différences que ces variations entraînent au niveau de l'acquisition. Une illustration de la diversité des langages que les parents emploient avec leurs enfants est fournie par une magistrale étude ethnographique récente de Shirley Brice Heath, *Ways with words* (1983). Cet auteur décrit la socialisation du langage dans trois communautés des Carolines : deux communautés rurales, l'une noire, l'autre blanche, et une communauté urbaine. D'après Heath « il y avait de profondes différences entre les trois communautés quant aux limitations et aux caractéristiques des situations où se produit la communication, que les enfants en prennent l'initiative ou qu'ils en soient les destinataires, et quant aux patterns des choix que les enfants peuvent faire entre la langue parlée et la langue écrite » (pp. 349-350).

Pour les deux communautés rurales que Heath a étudiées, la Bible constituait la source principale de stimulation linguistique, même si dans ces deux villages les parents ne se livraient jamais longtemps à des activités de lecture ou d'écriture. Les enfants noirs de « Tracton » étaient souvent dans les bras des adultes lorsqu'ils entendaient les prières et les chants inspirés de la Bible. « Durant les longues heures passées sur les genoux des adultes et sur les durs bancs de l'église, les enfants de Tracton ont appris qu'il y a de multiples façons de dire et de chanter la parole écrite. » Ainsi, ces jeunes ont bien un rapport au langage, mais ce n'est pas le type de rapport qui les prépare à réussir à l'école.

Les chercheurs qui s'interrogent sur l'importance que revêt, pour l'acquisition, le langage employé avec l'enfant et les interactions bien ajustées, font fréquement référence au travail de Heath. Afin d'évaluer le rôle de l'input langagier, il faut examiner de plus près les observations de Heath, en particulier sa description de l'apprentissage du langage dans la communauté noire de Tracton. Heath rend compte en détail de la socialisation dans cette communauté. Durant leur première année de vie, les bébés « sont toujours tenus dans une position qui leur permet de voir le visage de la personne qui s'occupe d'eux ou de la personne à laquelle cette dernière parle » (1983, p. 350). Ces enfants baignent dans le langage ; ils ne sont que très rarement séparés de la vie familiale et communautaire. Leurs mouvements sont soigneusement guidés et de nombreuses recommandations leur sont faites pour que leur sécurité soit préservée. Ces enfants apprennent ce que sont les adultes, leurs états d'âme et les mots qu'ils utilisent, à la faveur des nombreuses occasions qui leur sont données de les observer de près.

Cependant, par opposition à la socialisation du langage décrite par Bruner, dans laquelle les adultes se livrent, avec les jeunes enfants, à des jeux linguistiques soigneusement formatés, pour les enfants de Tracton le fondement de la maîtrise du langage réside davantage dans les conversations qu'ils surprennent. Heath décrit ce processus en termes de répétition : « Les petits enfants qui jouent ou sont assis sur le sol ou sur un divan à proximité des adultes répètent les derniers mots que ceux-ci prononcent... ils saisissent et répètent des groupements (généralement les derniers) des phrases ou des propositions prononcées. » (1983, p. 75). Ensuite, les enfants commencent à manipuler ce qu'ils entendent, inventent des monologues et jouent avec les formes de langage. Parvenir à parler avec des adultes n'est pas toujours facile, mais les garçons ont plus d'occasions de pouvoir le faire que les filles. Ceci reflète le fait qu'on s'attend à ce que les garçons soient des partenaires en matière de plaisanterie et à ce qu'ils se défendent à l'aide de gestes et de mots (le plus souvent une seule phrase prononcée avec des intonations variées) qui témoignent de leur capacité à comprendre la plaisanterie. On se soucie moins des filles pendant la période pré-scolaire, bien qu'elles aussi apprennent à manier des expressions considérées comme typiques de leur sexe, à savoir « faire des histoires ». En outre, au cours de leurs premières années de scolarité, les filles apprennent et inventent diverses formes de jeux faits de chansons, comme les chansons pour sauter à la corde, pour frapper des mains et ainsi de suite (1983, pp. 95-103).

Les jeunes enfants de Tracton font un apprentissage intensif des emplois interactifs et sociaux du langage. Ils entendent une masse de discours, mais il s'agit d'un langage d'adultes parlant à d'autres adultes. Ce langage ne présente pas les formats spécialisés et les ajustements qui caractérisent les interactions verbales entre les adultes et les enfants qui apprennent à parler dans les familles des classes moyennes. L'étude de Heath est importante car elle met en évidence certains patterns qui pourraient se retrouver dans les communautés rurales aussi bien dans ce pays que dans d'autres.

Le problème qui se pose à un enfant élevé dans une communauté comme celle de Tracton est de relier ce qu'il entend à la situation référentielle et de réaliser un tel appariement sans recevoir beaucoup d'aide de la part des adultes. Ces enfants sont un peu dans la situation de quelqu'un qui court après un train qui roule vite. Pour l'enfant qui se trouve dans ce cas, les situations récurrentes fournissent bien un échafaudage, tout comme les nombreuses occasions qu'il a d'observer les adultes ou l'aide occasionnelle sur le plan verbal que lui apportent des enfants plus âgés. Il ne fait aucun doute qu'il y a acquisition du langage dans cet environnement linguistique si stimulant, mais cette acquisition se réalise sans que les adultes interviennent beaucoup ; les processus d'acquisition sont plus lents ; les enfants de cette communauté sont moins entraînés aux emplois cognitifs du langage et moins préparés à l'école (telle qu'elle fonctionne actuellement) que les enfants des villes vivant dans des familles de plus haut niveau. Le langage qu'emploient les personnes qui s'occupent des enfants, en particulier celui qu'ils pratiquent dans leur vie professionnelle, est donc un facteur déterminant de l'acquisition des fonctions et des styles différents du langage, ainsi que de sa vitesse d'acquisition.

Les interactions adultes-enfants observées dans le milieu urbain reflètent l'influence du langage employé par les adulte dans leur vie professionnelle, ce qui contraste avec les observations recueillies à Tracton. Les enfants des citadins vivent dans un environnement qui privilégie le succès scolaire comme le note Heath,

« Ils (les parents) leur apprennent à étiqueter les choses et les événements, à décrire leurs caractéristiques, à lire des livres, à jouer avec des jeux éducatifs. Mais la socialisation du langage ne se limite pas à cela ; les citadins plongent leurs enfants dans un environnement de récits à propos des choses et des événements, récits répétitifs, redondants et présentant une cohérence interne. Ils puisent dans les livres de contes et dans leur propre imagination pour lire, raconter et inventer des histoires avec leurs enfants. Ils relient les éléments d'une situation à ceux d'une autre, ils indiquent les points de ressemblance entre les étiquettes, les attributs, les emplois et les fonctions » (1983, p. 252).

Quelles sont les conséquences à long terme des différents patterns de socialisation du langage que Heath, Bruner et d'autres ont décrits ? La conclusion de Heath est que la socialisation du langage des enfants présente des variations non seulement du point de vue quantitatif, mais encore dans les types de langage. Pour la réussite scolaire, la maîtrise de la représentation symbolique et de l'analyse liée au langage a une importance primordiale. Les parents constituent-ils la seule source de cette forme de développement ou bien les autres personnes qui s'occupent de l'enfant peuvent-elles également contribuer au développement des emplois communicatifs et cognitifs du langage ?

La recherche que Kathleen McCartney (1984) a réalisée aux Bermudes apporte des éléments de réponse à cette question. Cet auteur a comparé la qualité de l'environnement de divers établissements accueillant des enfants d'âge pré-scolaire et étudié l'influence de ces environnements sur le développement du langage. Aux Bermudes, dès qu'ils ont deux ans, les enfants, dans leur grande majorité, vont à la maternelle. La façon dont progressent leur facilité d'expression permet de mieux comprendre comment les influences *extra*-familiales agissent sur leur développement. Comme le note McCartney, il se peut qu'en s'intéressant surtout aux influences *intra*-familiales, les chercheurs en soient arrivés « à confondre le génotype et l'environnement ». Cet auteur a demandé à des observateurs entraînés d'estimer les différences entre les situations d'apprentissage en mesurant la qualité globale du service dans huit écoles maternelles situées aux Bermudes. Ces observateurs ont également évalué le type et la quantité de stimulations verbales offertes aux enfants dans ces établissements. Un résultat de l'étude de McCartney présente un intérêt tout particulier : la très forte corrélation entre les énoncés dénotatifs que le personnel produisait — donner et demander des informations — et les notes des enfants aux tests de langage. Il y a également une corrélation positive entre la fréquence avec laquelle les enfants prennent l'initiative des interactions et leur performance aux tests de langage ; en outre, alors que les interactions verbales ont une extrême importance pour le développement du langage, les interactions avec les pairs n'entraînent pas de progrès aussi nets sur le plan verbal.

L'étude de McCartney révèle qu'un environnement linguistique bien organisé peut réellement contribuer au développement du langage des jeunes enfants, même lorsque leurs parents travaillent. Les travaux que David Weikart et ses collègues ont réalisés aux États-Unis (Weikart, 1974-1975 ; Schweinhart et Weikart, 1980), de même que les programmes d'intervention aux États-Unis et en Grande-Bretagne dont Feagan et Farran (1982) ont rendu compte, ont abouti à des résultats similaires.

Ces études, qu'il s'agisse de travail ethnographique, d'observations ou de programme d'intervention, soulignent l'importance du langage des adultes pour l'acquisition des différentes formes et fonctions du langage par l'enfant. Ces résultats ont une importance tant pour les théories de l'acquisition du langage, que pour les pratiques éducatives. Lorsqu'on examine le rôle de l'input langagier, il faut garder présente à l'esprit la remarque de Clark et Hecht (1983) que « la classe de modèles où l'input devient l'output paraît trop simple ». Il faudrait que les chercheurs qui s'intéressent au rôle de l'input langagier dans l'acquisition ne se contentent pas d'étudier la *production* verbale chez l'enfant, qui est la variable dépendante généralement considérée. Non seulement il est important de découvrir quand les enfants commencent à produire une forme particulière de langage, mais encore il est primordial de rendre compte de ce que *comprennent* les enfants et du moment où ils le font, puisque les effets les plus immédiats des stimulations verbales se font nécessairement sentir au niveau de la compréhension. Une faiblesse supplémentaire de la thèse selon laquelle l'input devient l'output est qu'elle ignore les disparités, souvent masquées, des processus d'acquisition. Par exemple, si, dans ses efforts pour comprendre, l'enfant n'est attentif qu'aux relations entre les traits linguistiques et non-linguistiques de l'environnement, certains traits de l'input langagier qui sont pertinents pour la production pourront lui échapper. Zukow et al. ont souligné l'importance de ces relations :

« S'il a été difficile auparavant de trouver des relations entre les stimulations offertes par l'environnement et le processus d'acquisition du langage, c'est parce qu'on a considéré que les stimulations étaient entièrement d'ordre linguistique. (Il y a) une forte relation entre les stimulations et le développement des capacités de compréhension si l'on tient également compte des stimulations sensori-motrices et de leurs relations avec les informations données sous forme verbale. » (1983, p. 84).

C'est pourquoi un modèle sociogénétique de l'acquisition du langage nécessite que le développement soit considéré dans une perspective plus large que la perspective biogénétique. Un tel modèle doit faire intervenir les relations entre stimulations linguistiques et non-linguistiques et prendre en compte les aspects sociaux et cognitifs des interactions ; il doit enfin analyser soigneusement les différences d'input langagier selon les conditions sociales et historiques.

Les sociétés fortement industrialisées, qui connaissent de rapides mutations, exigent que les capacités d'expression — tant orales qu'écrites — soient très développées. Si l'on fait bénéficier tous les enfants des enseignements tirés des études sur l'acquisition, on pourra transmettre ces habiletés aux générations futures. A l'avenir, la formation du personnel encadrant les jeunes enfants devrait insister sur le rôle des interactions verbales *adulte-enfant,* afin d'être en mesure de répondre à la demande toujours croissante en matière d'habileté verbale de haut niveau. Comme McCartney l'a montré, les interactions finement ajustées entre adultes et enfants revêtent une importance toute particulière pour le développement du langage comme outil de la pensée.

## L'input langagier et le développement de la pensée verbale

Lorsqu'on examine la relation entre les stimulations verbales et le développement des fonctions cognitives, la question du langage privé est primordiale. Le langage privé (1) renvoie au langage pour soi. On a étudié le fonctionnement du langage privé, que l'enfant parle à haute voix ou qu'il murmure, dans la planification de l'activité et dans la résolution de problèmes. Dans ces études, le langage privé est considéré comme une étape intermédiaire du développement qui se situe entre le langage social — les échanges verbaux entre interlocuteurs — et le langage interieur qui est essentiel pour la pensée verbale. De telles recherches font intervenir une notion sous-jacente, celle que l'emploi du langage comme forme de médiation entre, par exemple, l'exposé d'un problème et sa solution, n'est pas un processus humain inné mais se développe grâce à l'intériorisation du processus externe que constitue le dialogue.

De récentes études sur le langage privé et les stimulations verbales jettent quelque lumière supplémentaire sur les relations entre le langage pour soi et le développement de la pensée verbale. Berk et Garvin (1984) ont étudié le développement du langage privé chez des enfants des Appalaches appartenant à un milieu très modeste. Ces chercheurs ont choisi cette population car ils s'intéressaient aux effets d'une culture centrée sur les adultes « où la communication entre adultes et enfants est minimale et tend à être gestuelle et non-verbale ». En outre, ils s'intéressaient aussi à cette communauté parce qu'ils s'attendaient à ce que le langage employé diffère selon le sexe, les filles étant considérées comme faites pour la parole, et les garçons étant entraînés très tôt à préférer le silence.

Ces chercheurs ont comparé leurs résultats concernant le langage privé à ceux que Kohlberg et ses collègues ont obtenus dans leur étude sur des familles de citadins (Kohlberg, Yaeber et Hjertholm, 1968). Berk et Garvin ont trouvé les différences de développement attendues : les enfants des Apalaches sont parvenus plus lentement à la maîtrise du langage privé que les enfants vivant dans une zone urbaine et le langage privé des garçons vivant dans ces régions montagneuses présente des formes plus immatures que celui des filles vivant dans la même région. Cette étude à confirmé la thèse sociogénétique selon laquelle la socialisation du langage diffère en fonction des environnements et de la façon dont ils sont structurés historiquement et selon laquelle, à de telles différences dans la socialisation, correspondent des différences de développement cognitif.

Ainsi donc, les interactions verbales entre générations ont une influence décisive sur la maîtrise du *langage privé*, forme de langage qui, une fois intériorisé, devient le fondement de la pensée verbale. L.S. Vygotsky (1962) a été le premier à étudier les relations entre langage externe, langage privé et langage intérieur. Il a émis l'idée que le langage que produisent les enfants en présence d'autrui, mais qui est destiné à eux-mêmes, a un rôle très important pour l'auto-régulation. Le langage privé chez les enfants d'âge pré-scolaire est source de frustrations mais est également un instrument puissant pour la planification et la résolution des problèmes. Des recherches récentes illustrent fort bien le développement et les fonctions du langage en ce qui concerne l'auto-régulation (voir par exemple les travaux de Fuson (1979) et Diaz (1984)). A.R. Luria, qui a travaillé avec

Vygotsky, a décrit d'un point de vue génétique la relation entre les emplois du langage par l'adulte et l'autorégulation verbale chez les enfants. L'enfant intériorise le processus dialogique de l'interaction adulte-enfant, ce qui aboutit au langage intérieur.

« Le langage intérieur retient toutes les fonctions d'analyse, de planification et de régulation que l'on trouve dans le langage externe ; *il continue à remplir le même rôle intellectuel que celui que jouait d'abord le langage que l'adulte employait avec l'enfant* et plus tard que celui des discours que l'enfant s'adresse à lui-même. » (1982) (c'est nous qui soulignons).

Les travaux que nous avons présentés montrent qu'il y a d'énormes variations culturelles dans la façon dont les adultes parlent aux jeunes enfants et dans leur façon d'employer le langage informatif et analytique. Certaines études ont mis en évidence des différences dans la richesse des stimulations verbales, d'autres ont montré qu'à ces différences pouvaient correspondre des différences dans le développement des stratégies de traitement chez l'enfant. Cependant, jusqu'à présent, les recherches n'ont pas abouti à une compréhension précise et approfondie des relations entre structure des stimulations verbales et stratégies de traitement. Le travail de Wertsch et ses collaborateurs (Wertsch, 1979 ; Hickman et Wertsch, 1978) constitue une exception. Ces auteurs ont étudié le rôle directif du langage adulte lors de la résolution de problèmes par les enfants et ont montré comment se déroule le processus de maîtrise par lequel l'enfant passe d'un état de dépendance à un état d'indépendance, ceci caractérisant le développement et l'auto-régulation.

Les résultats des travaux que nous avons discutés viennent à l'appui de la conception sociogénétique du langage. Cette conception souligne les liens entre le niveau social et le niveau individuel du développement, entre le savoir tiré de l'expérience vécue et son élaboration à travers le langage intérieur, « le langage et la pensée ». La plupart des débats sur l'acquisition du langage n'ont pas souligné le lien essentiel qui existe entre le langage et la pensée et entre certains types de stimulations verbales et l'auto-régulation verbale.

## Conclusion

Les êtres humains sont préparés *biologiquement* à l'acquisition du langage aussi bien qu'à la station debout, l'habileté manuelle et les zones corticales spécialisées les aidant à parvenir à une telle maîtrise. La longue période de dépendance des enfants à l'égard des personnes qui prennent soin d'eux fournit le cadre génétique de l'acquisition du langage, processus qui prend ses racines dans le biologique et se transforme en processus socio-historique. Comme l'ont suggéré Vygotsky et Luria, pour parvenir à expliquer les formes extrêmement complexes de la conscience chez l'homme, il faut aller au-delà de l'organisme humain.

« Les origines de l'activité consciente et du comportement « catégoriel » doivent être recherchées non dans les replis du cerveau humain ou dans les profondeurs de l'esprit, mais dans les conditions extérieures de vie. Par-dessus tout ... on doit chercher ces origines dans les processus externes de la vie sociale, dans les formes sociales et historiques de l'existence humaine. » (Luria, 1982, p. 25).

L'acquisition du langage nécessite que les enfants soient exposés au langage et interagissent activement avec des locuteurs. Elle nécessite également que les enfants emploient les informations contextuelles et les stimulations non-linguistiques pour réunir leur connaissance du monde et du langage en un système de représentations. De nombreux enfants de par le monde bénéficient de stimulations leur permettant d'avoir une participation de plus en plus efficace dans des communautés langagières. Il est rare que les jeunes enfants soient totalement privés de stimulations verbales, mais lorsque cela arrive, cette carence peut avoir des conséquences durables et catastrophiques, comme l'a révélé le travail de Fujinaga. Les fonctions du langage qui risquent le plus d'être perturbées sont les fonctions cognitives, la mémoire, la planification, l'auto-régulation et la transmission des connaissances d'une généraion à la suivante. Globalement, les aspects spécifiques de la socialisation du langage varient avec les exigences des sociétés. Les variations culturelles dans la socialisation du langage sont liées aux rôles sexuels modelés par l'histoire, aux conditions économiques, aux ressources de la société en matière d'éducation formelle et informelle. Les approches théoriques qui minimisent l'impact des conditions spécifiques des sociétés sur les diverses formes et fonctions du langage ou qui ne différencient pas le langage humain des formes évoluées de la communication animale pèchent à la fois sur le plan théorique et sur le plan pratique. En effet, non seulement ces théories ne rendent pas compte de façon satisfaisante de la richesse et de la spécificité biologique de la condition humaine, mais encore elles ne fournissent aux personnes chargées de l'éducation aucune base sur laquelle s'appuyer pour donner à chacun les mêmes chances de succès.

*Version française du texte « Human specificity in language : sociogenetic processes in verbal communication », in : E. Tobach & G. Greenbery (Eds), *Language, Consciousness and Integrative Levels, London, Lawrence Erlbaum Associates,* sous presse.

(1) C'est sous le concept de « langage privé » qu'un important courant de recherche, aux U.S.A., a étudié des phénomènes analogues à ceux que Vygotsky qualifiait de « langage égocentrique ».

# BIBLIOGRAPHIES

## 1. VYGOTSKY

### A) Bibliographies des œuvres de Vygotsky

Il existe une bibliographie complète des travaux scientifiques de Vygotsky, répertoriés année par année :

Sahlevic, T.M. (1974), Bibliografija trudov L.S. Vygotskogo (Bibliographie des travaux de L.S. Vygotsky), *Vopressy psychology 3.*, 152-160.

Elle est entièrement reprise, avec traduction italienne des titres des travaux, sous *Bibliografia delle opere di Vygotskij,* dans L.S. Vygotskij (1974), *Storia dello sviluppo delle funzioni psichiche superiori. E. altri scritti,* Firenze, Giunti Barbera, p. 313-330.

La même bibliographie est reprise en anglais, sans les titres russes originaux souvent traduit approximativement, sans indications de la source, sous *Vygotsky's works,* dans L.S. Vygotsky (1978), *Mind in Society. The development of higher psychological processes,* Cambridge, Harvard University Press.

### B) Rééditions des œuvres en russe

Une partie des œuvres de Vygotsky a été rééditée. Il y a deux livres de référence fondamentaux :

1. *Izbrannye psikhologicheskie issledovanya* (Oeuvres choisies de psychologie), Moscou, Izd. Akad. Pedag. Nauk. 1956.

Il contient :

— Myschlenie y rech' (Pensée et parole).

Traductions : — *Denken und Sprechen,* Frankfurt a.M., Fischer 1969 (édition de poche 1977), (seule traduction intégrale à ce jour).

— *Thought and Language,* Cambridge, MIT Press 1962, (traduction résumée).

— *Pensiere e Linguaggio,* Firenze, Giunti Barbera 1966, (traduction de la version anglaise ; traduction intégrale du 7e chapitre).

— *Pensiamento y Lenguaje,* Buenos Aires, La Pléyade 1977, (traduction de la version anglaise).

et les articles suivants :

— Le développement des formes supérieures de l'attention (1929).

— Apprentissage et développement à l'âge préscolaire (1934).

— Le problème de l'apprentissage et du développement intellectuel à l'âge scolaire (1934).

— Le problème du retard mental (1932).
Ces articles constituent le livre L.S. Vygotskij, *Lo sviluppo psichico del bambino,* Roma, Editori Riuniti 1977. Pour d'autres traductions des articles on peut se référer à la liste ci-dessous des travaux traduits (point c).
2. *Razvitie vysshykh psihkicheskikh funktsij. Iz neopublikovannykh trudov* (Le développement des fonctions psychiques supérieures. Des œuvres inédites), Moscou, Izd. Akad. Pedag Nauk 1960.
Il contient les travaux suivants :
— Histoire du développement des fonctions psychiques supérieures.
Traductions : — L.S. Vygotskij, *Storia dello sviluppo delle funzioni psichiche superiori,* Firenze, Giunti Barbera 1974.
— Certaines parties du texte se trouvent de manière dissimulée dans le livre L.S. Vygotsky, *Mind in Society. The development of higher psychological processes,* Cambridge, Harvard University Press 1978.
— Leçons de psychologie.
— Le comportement des animaux et de l'homme.

Récemment on a publié les *Sobranie sochinenii,* les œuvres complètes de Vygotsky en 6 volumes (Moscou, Izdatel'stvo Pedagogika 1982-1984). L'édition contient les œuvres suivantes :
— Volume 1 : Problèmes de théorie et d'histoire de la psychologie (contenant notamment le livre *La crise en psychologie*).
— Volume 2 : Problèmes de psychologie générale (avec notamment les livres *Leçons de psychologie* et *Pensée et parole*).
— Volume 3 : Problèmes du développement mental (entre autres : *Histoire du développement des fonctions psychiques*).
— Volume 4 : La psychologie de l'enfant.
— Volume 5 : Les fondements de la défectologie.
— Volume 6 : L'héritage scientifique.
L. Mecacci (1983, p. 36) fait observer que ces « œuvres complètes » ne sont en fait qu'un choix des œuvres : manquent les écrits sur la psychologie de l'art et ceux étroitement liés à la pédologie. Les *Études sur l'histoire du comportement* semblent aussi être exclues.

**C) Oeuvres traduites de Vygotsky**

Nous donnons ci-dessous la liste de tous les travaux de Vygotsky traduits en italien, anglais, allemand, espagnol et français dans l'ordre chronologique de leur première parution en russe. Nous mentionnons à chaque fois toutes les versions que nous connaissons.

*1916*
*La tragedia di Amleto,* Roma, Editori Riuniti 1972.
*1924*
El metodo de investigacion reflexologica y psicologica, *Infancia y Aprendizaje,* 1984, *27/28,* 84-104.
*1925*

Consciousness as a problem in the psychology of behavior, *Soviet Psychology,* 1976, *XVII,* 4, 3-36.
La coscienza come problema della psicologia del comportamento, in : L.S. Vygotskij, *Antologia di scritti a cura di Luciano Mecacci,* Bologna, Mulino 1983, 57-91.
*Die Psychologie der Kunst,* Dresden, 1976.
*The psychology of art,* Cambridge, MIT Press, 1978.
*Psicologia dell'arte,* Roma, Editori Riuniti 1976.
The principles of social education of deaf and dump children in Russia, in : *International conference on the Education of the Deaf,* London 1925, 227-237.
*1928*
The problem of the cultural development of the child, *Journal of genetic psychology,* 1929, *36*, 415-434.
Il problema dello sviluppo culturale del bambino, in : L. Mecacci (ed.), *La psicologia sovietica 1917-1936,* Roma, Editori Riuniti 1976.
*1929*
Die genetischen Wurzen des Sprechens und Denkens, *Unter dem Banner des Marxismus,* 1929, *3,* 450-469, *4,* 607-623.
Development of the higher mental functions, in : A. Leont'ev, A. Luria & A. Smirnov (eds), *Psychological research in the USSR,* Moscow, Progress Publishing 1966, vol. I, 11-46.
The genesis of higher mental functions, in : J.V. Wertsch (ed.), *The concept of activity in Soviet psychology,* Armonk NY, Sharpe 1981, 144-181.
Lo sviluppo delle forme superiori dell'attenzione nell'età infantile, in : L.S. Vygotskij, *Lo sviluppo psichico del bambino,* Roma, Editori Riuniti 1977.
The development of higher forms of attention in childhood, *Soviet psychology,* 1979, *XVIII,* 1, 67-115 (aussi in : J.V. Wertsch (ed.), *The concept of activity in Soviet psychology,* Armonk NY, Sharpe 1981, 189-240).
*1930*
*Immaginazione e crativitá nell'età infantile,* Roma, Editori Riuniti 1980.
*La imaginacion y el arte en la infancia,* Madrid, Akal 1983. (Deux chapitres sont repris dans *Infancia y Aprendizaje,* 1984, *27/28).*
Il metodo strumentale in psicologia, in : L.S. Vygotskij, *Storia dello sviluppo delle funzioni psichiche superiori. E altri scritti,* Firenze, Giunti Barbera 1974, 227-233.
The instrumental method in psychology, in : J.V. Wertsch (ed.), *The concept of activity in Soviet psychology,* Armonk NY, Sharpe 1981, 134-143.
Le problème des fonctions intellectuelles supérieures dans le système des recherches psychotechniques, *Anals d'orientacio professional,* 1930, 323-341.
Tool and symbol, in : L.S. Vygotsky, *Mind in Society. The development of higher psychological functions,* Cambridge, Harvard University Press 1978, 19-58.

The function and fate of egocentric speech, *Proceedings of the ninteenth international congress of psychology* (New Haven, 1929), Princeton, Psychological Review Company, 1930 (avec A.R. Luria).
*1931*
*Storia dello sviluppo delle funzioni psichiche superiori,* Firenze, Giunti Barbera 1974, 40-223.
*Mind of Society. The development of Higher Psychological Processes,* Cambridge, Harvard University Press 1978 (contient des extraits du livre sur l'histoire du développement des fonctions psychiques).
*El desarollo de las funciones psiquicas superiores,* Barcelona, Critica 1979, (traduction de : Mind in Society).
*Il processo cognitivo,* Torino, Boringhieri 1980. (traduction de : Mind in Society).
*1932*
Correnti contemporanei della psicologia, in : L. Mecacci (ed.), *La psicologia sovietica 1917-1936,* Roma, Editori Riuniti 1976, 122-142.
La disagregazione dei concetti nella schizofrenia (sul problema di una psicologia della schizofrenia), in : L.S. Vygotskij, *Lo sviluppo psichico del bambino,* Roma, Editori Riuniti 1977, 208-232 (aussi in : L.S. Vygotskij, *Storia dello sviluppo delle funzioni psichiche superiori. E altri scritti,* Firenze, Giunti Barbera 1974, 234-250).
*1933*
Spinoza's theory of the emotion in the light of contemporary psychoneurology, *Soviet Studies in Philosophy,* 1972, *10,* 362-382.
Play and its role in the mental development of the child, *Soviet psychology,* 1967, *V,* 3, 6-19.

Il gioco e la sua funzione, nello sviluppo psichico del bambino, *Riforma della Scuola,* 1979, *7,* 41-50 (aussi in : L.S. Vygotskij, *Antologia di scritti a cura di Luciano Mecacci,* Bologna, Mulino 1983, 227-255).

Das Spiel und seine Bedeutung in der psychologischen Entwicklung des Kindes, in : D. El'konin (ed.), *Psychologie des Spiels,* Berlin 1980.
*1934*

Thought and Speech, *Psychiatry,* 1939, *2,* 29-54.
*Denken und Sprechen,* Frankfurt a.M., Fischer 1965.
*Thought and Language,* Cambridge, MIT Press 1962.
*Pensiere e Linguaggio,* Firenze, Giunti Barbera 1966.
*Pensiamento y Lenguaje,* Buenos Aires, La Pléyade 1977.

Il problema della periodizzazione dello sviluppo infantile, in : L. Mecacci (ed.), *La psicologia sovietica 1917-1936,* Roma, Editori Riuniti 1976, 315-329.

Sul problema dell'insegnamento et dello sviluppo mentale nell'età scolare in : L.S. Vygotskij (1974), *Storia dello sviluppo delle funzioni psichiche superiori. E altri scritti,* Firenze, Giunti Barbera, 249-309.
Il problema dell'apprendimento e dello sviluppo intellettivo nell'età scolare, in L.S. Vygotskij (1977), *Lo sviluppo psichico del bambino,* Roma, Editori Riuniti, 144-164.

Il problema dell' istruzione e dello sviluppo mentale in età scolare, in : L.S. Vygotskij, *Antologia di scritti a cura di Luciano Mecacci,* Bologna, Mulino 1983, 255-279.
Il problema dello sviluppo e della desintegrazione delle funizioni psichiche superiori, in : L. Mecacci (ed.), *La psicologia sovietica 1917-1936,* Roma, Editori Riuniti 1976, 330-349.
Thought in Schizophrenia, *Arch. Neurl. Psychiat.*, 1934, *31,* 1063-1077.
Psychology and localization of functions, *Neuropsychologia,* 1965, *3,* 381-386.

*1935*

Apprendimento e sviluppo mentale nell'età prescolare, in : L.S. Vygotskij, *Storia dello sviluppo delle funzioni psichiche superiori. E altri scritti,* Firenze, Giunti Barbera 1974.
Il problema del ritardo mentale (Saggio per la costruzione di un'ipotesi de lavoro), in : L.S. Vygotskij, *Storia dello sviluppo delle funzioni psichiche superiori. E altri scritti,* Firenze, Giunti Barbera 1974, 251-279.
The prehistory of written language, in : L.S. Vygotsky, *Mind in Society. The development of higher psychological functions,* Cambridge, Harvard University Press 1978, 105-119.

## 2. ÉCRITS SUR VYGOTSKY

### A) Présentations de Vygotsky

#### Biographies

Levitin, K. (1982), *One is not born a personality : Profiles of Soviet education psychologists,* Moscou, Progress Publishers.
Luria A.R. (1935), L.S. Vygotsky, *Character and personality 3,* 234-240.
Luria, A.R. (1978), Biographical note on L.S. Vygotsky, in : L.S. Vygotsky, *Mind in Society,* Cambridge, Harvard University Press.
Mecacci L. (1973), Cenni bio-bibliografici, in : L.S. Vygotskij, *Lo sviluppo psichico del bambino,* Roma, Editori Riuniti, 59-63.
Mecacci, L. (1983), La vita et l'opera, in : L.S. Vygotskij, *Antologia di scritti a cura di Luciano Mecacci,* Bologna, Mulino, 7-34.
Radzikhovskij, L.A. & Jomskaja, E.D. (1981), A.R. Luria and L.S. Vygotsky : early years of their collaboration, *Soviet psychology XX,* 1, 3-19.
Rivière, A. (1984), La psicologia de Vygotsky : sobre la larga proyeccion de una corte biografia, *Infancia y Aprendizaje 27/28,* 7-86. (édité avec le même titre sous forme de livre par Visor/Aprendizaje, Madrid 1985).
Toulmin S. (1978), The Mozart of psychology, *The New York Review of Books XXV*, 14, 51-57.

Wertsch J.V. (1985), Vygotsky : the man and his theory, in : J.V. Wertsch, *Vygotsky and the social formation of mind,* New York, Harvard University Press, 1-16.

**Travaux présentant l'œuvre de Vygotsky**

Bruner, J.S. (1985), Vygotsky : a historical and conceptual perspective, in : J.V. Wertsch (ed.), *Culture, communication and cognition,* New York, Cambridge University Press, 21-35.
Cole, M. & Scribner, S. (1978), Introduction, in : L.S. Vygotsky, *Mind in Society,* Cambridge, Harvard University Press.
Leont'ev, A.N. & Luria, A.R. (1968), The psychological ideas of L.S. Vygotsky, in : B.B. Wohmann (ed.), *Historical roots of contemporary psychology,* New York, Harper, 338-367.
Leont'ev A.N. & Luria, A.R. (1977), Le concezioni psichologiche di L.S. Vygotskij, in : L.S. Vygotskij, *Lo sviluppo psichico del bambino,* Roma, Editori Riuniti, 9-59.
Leontjew A.N. & Luria, A.R. (1958), Die psychologischen Anschauungen L.S. Wygotskys, *Zeitschrift fuer Psychologie 162,* 3-4, 165-205.
Mecacci L. (1979), Vygotskij : per una psicologia dell'uomo, *Riforma della Scuola 26,* 24-30.
Vanderveen R. (1984), *Cultuur en cognitie,* Groningen, Wolters-Noordhoff.
Veggetti, M.S. (1974), Vygotskij e la psicologia sovietica, in : L.S. Vygotskij, *Storia dello sviluppo delle funzioni psichiche superiori. E altri scritti,* Firenze, Giunti Barbera, 9-39.
Wertsch, J.V. (1985), *Vygotsky and the social formation of mind,* New York, Harvard University Press.

**Numéros spéciaux de revues sur Vygotsky**

—, —, (1967), Numéro spécial : Vygotsky, *Soviet psychology V,* 3.
—, —, (1979/80), The Karkhov School of Developmental Psychology, *Soviet psychology XVIII,* 2 (continuateurs directs de Vygotsky).
—, —, (1984), Hommaje a. L.S. Vygotski, *Infancia y Aprendizaje 27/28.*
Camaioni L. (ed) (1981), Vygotskij e la psycologia evolutiva contamporanea, *Età evolutiva 8.*

**B) Interaction sociale et apprentissage**

Brown, A.L. & French, L.A. (1978), The zone of proximal development : implications for intelligence testing in the year 2000, *Intelligence 3,* 255-277.
Brown A.L. & Ferrera, R.A. (1985), Diagnosing zones of proximal development, in : J.V. Wertsch (ed.), *Culture, communication and cognition,* New York, Cambridge University Press, 273-305.

Bruner, J.S. & Hickmann, M. (1983), La conscience, la parole et la « zone proximale » : réflexions sur la théorie de Vygotsky, in : J.S. Bruner, *Savoir faire, savoir dire,* Paris, PUF.

Campione, J.C., Brown, A.L., Ferrera, R.A. & Bryant, N.R. (1984), The zone of proximal development : implications for individual differences and learning, in : B. Rogoff & J.V. Wertsch (eds), *Children's learning in the « zone of proximal development »* n° 23, in : *New Directions for Child Development,* San Francisco, Jossey-Bass.

Cole, M. (1985), The zone of proximal development : where culture and cognition create each other, in : J.V. Wertsch (ed.), *Culture, communication and cognition,* New York, Cambridge University Press, 146-161.

El'konin, D.P. (1967), The problem of instruction and development in the works of L.S. Vygotsky, *Soviet psychology V,* 3, 34-42.

Elsasser, N. & John-Steiner, V. (1977), An interactionist approach to advancing literacy, *Harvard Educational Review 47,* 355-370.

Forman, F.A. & Cazden, C.B. (1985), Exploring Vygotskian perspectives in education : the cognitive value of peer interaction, in : J.V. Wertsch (ed.), *Culture, communication and cognition,* New York, Cambridge University Press, 323-347.

Manacorda, M.A. (1979), La pedagogia di Vygotskij, *Riforma della Scuola 26,* 31-39.

Rogoff, B. & Wertsch, J.V. (1984), *Children's learning in the « zone of proximal development »,* n° 23, in : *New Directions for child development,* San Francisco, Jossey-Bass.

Tornatore, L. (1980), Vygotskij e l'educazione linguistica, *Scuola e Città XXI,* 251-256.

Valsiner, J. (1984), Construction of the zone of proximal development in adult-child joint action : the socialization of means, in : B. Rogoff & J.V. Wertsch (eds), *Children's learning in the « zone of proximal development »,* n° 23, in : *New directions for child development,* San Francisco, Jossey-Bass.

Wertsch, J.V. (1978), Adult-child interaction and the roots of metacognition, *Quarterly Newsletter of the Institute for comparative Human Development 2,* 1, 15-18.

Wertsch, J.V. (1979), From social interaction to higher psychological processes : a clarification of Vygotsky's theory, *Human Development 22,* 1-22.

Wertsch, J.V. (1984), The zone of proximal development : some conceptual issues, in : B. Rogoff & J.V. Wertsch (eds.), *Children's learning in the « zone of proximal development »,* n° 23, in : *New directions for child development,* San Francisco, Jossey-Bass.

**C) Médiation et sémiotique**

Faenzi, A. (1984), Attualità e produttività di Vygotskij per l'indagine semiotica, *Storia e critica della psicologia V,* 2, 389-407.

Lee, B. (1985), Intellectual origins of Vygotsky's semiotic analysis, in : J.V. Wertsch (ed.), *Culture, communication and cognition,* New York, Plenum Press, 66-93.

Luria, A.R. (1968), Vygotski y las funciones psiquicas superiores, in : A.R. Luria, R. Massucco, & al., *Problematica cientifica de la psicologia actual,* Buenos Aires, Orbeles.

Rissom, I. (1979), Zum Begriff des Zeichens in den Arbeiten Vygotsky's, in : M. Geier, (ed.), *Sprachbewusstsein,* Stuttgart, Metzler, 9-32.

Silverstein, M. (1985), The functional stratification of language in ontogenesis, in : J.V. Wertsch (ed.), *Culture, communication and cognition,* New York, Cambridge University Press, 205-235.

Vanderveer, R. & Vanijzendoorn, M.H. (1983), Vygotsky's cultural historical theory - Critique of the distinction between lower and higher psychological processes, *Gedrag, Tijdschrift voor Psychologie, 114,* 155-168.

Vanderveer, R. & Vanijzendorn, M.H. (1985), Vygotsky's theory of the higher psychological processes : some criticisms, *Human Development 28*, 1-10.

Wertsch, J.V. (1983), The role of semiosis in L.S. Vygotsky's theory of human cognition, in : B. Bain (ed.), *The sociogenesis of language and human conduct,* New York, Plenum Press, 17-33.

**D) Intériorisation et langage intérieur**

Akutina, T.V. (1978), The role of inner speech in the construction of an utterance, *Soviet psychology XVI,* 3, 3-31.

Camaioni, L. (1981), Linguaggio interiore e linguaggio egocentrico : un paradigmo unitario, *Età evolutiva 8,* 76-80.

Emerson, C. (1983), The outer word and inner speech : Bakhtin, Vygotsky and the internalization of language, *Critical Inquiry 10,* 245-264.

Fuson, K. (1979), The development of self-regulating aspects of speech : a review, in : G. Zivin (ed.), *The development of self-regulation through private speech,* New York, Wiley.

Galperin, P. Ya. (1967), On the notion of internalization, *Soviet psychology V,* 3, 28-34.

Goessmann, W. (1979), Wygotskis Begriff der inneren Sprache und seine Bedeutung für den Schreibprozess, *Wirkendes Wort 29,* 1, 13-28.

Hood, L., Fiess, K. & Aron, J. (1982), Growing up explained - Vygotskian look at the language of casuality, in : C.J. Brainerd & M. Pressley (ed.), *Verbal processes in children. Progress in cognitive development research,* New York, Springer, 265-280.

Levina, R.E. (1981), L.S. Vygotsky's ideas about the planning function of speech in children, in : J.V. Wertsch (ed.), *The concept of activity in Soviet psychology,* Armonk NY, Sharpe, 279-299.

Wertsch, J.V. (1979), The regulation of human action and the given-new structure of private speech, in : G. Zivin (ed.), *The development of self-regulation through speech,* Wiley, New York.

Wertsch, J.V. (1980), The significance of dialogue in Vygotsky's account of social, egocentric and inner speech, *Contemporary Educational Psychology 5,* 150-162.

Wertsch, J.V. & Stone, C.A. (1985), The concept of internalization in Vygotsky's account of the genesis of higher mental functions, in : J.V. Wertsch (ed.), *Culture, communication and cognition,* New York, Cambridge University Press.

Wild, E. (1980), *Inneres Sprechen - aeussere Sprache,* Klett, Stuttgart.

Zivin, G. (ed.) (1979), *The development of self-regulation through speech,* Wiley, New York.

**E) Débat Piaget-Vygotsky**

Bain, B. (1975), Toward an integration of Piaget and Vygotsky : bilingual considerations, *Linguistics 16,* 5-20.

Brokmeier, J. (1983), Die Mittel der kognitiven Entwicklung. Zum Zusammenhang der individuellen mit der historischen Entwicklung des Bewusstseins bei Piaget und Vygotsky, *Forum kritische Psychologie 12,* 48-89.

Bronckart, J.P. & Ventouras-Spycher, M. (1979), The piagetian concept of representation and the soviet-inspired view of self-regulation through speech, in : G. Zivin (ed.), *Development of self-regulation through speech,* New York, Wiley, 99-131.

Glick, J.A. (1983), Piaget, Vygotsky and Werner, in : S. Wapner & B. Kaplan (Eds.), *Toward a holistic developmental psychology,* Hillsday, Erlbaum, 35-83.

Laschi, T. (1975), Il linguaggio del bambino : le ipotesi di Piaget et Vygotskij, *Vita dell'Infanzia 12,* 29-35.

Orgolini, M. (1979), La formazione dei concetti in Piaget, Bruner e Vygotsky, *Scuola e Città 6-7,* 261-270.

Pellegrini, A.D. (1984), The development of the functions of private speech : a review of the Piaget-Vygotsky debate, in : A.D. Pellegrini & T. Yawkey (eds.), *The development of oral and written language in social contexte,* Norwood, Ablex, 57-69.

Piaget, J. (1962), Comments on Vygotsky's critical remarks, in : L.S. Vygotsky, *Thought and Language,* Cambridge, MIT Press.

**F) Travaux sur divers sujets dans une perspective vygotskyenne**

Davydov, V.V. (1967), The problem of generalization in the works of L.S. Vygotsky, *Soviet psychology V,* 3, 42-53.

Davydov, V.V., Radzikhovskij, L.A. (1985), Vygotsky's theory and the activity-oriented approach in psychology, in : J.V. Wertsch (ed.), *Culture, communication and cognition,* New York, Cambridge University Press, 35-65.

Hickmann, M. (1985), The implication of discourse skills in Vygotsky's developmental theory, in : J.V. Wertsch (ed.), *Culture, communication and cognition,* New York, Cambridge University Press, 236-256.

John-Steiner, V. (1985), The road to competence in an alien land : a Vygotskian perspective on bilingualism, in : J.V. Wertsch (ed.), *Culture, communication and cognition,* New York, Cambridge University Press, 348-372.

Lee, B. & Hickmann, M. (1983), Language, thought and self in Vygotsky's developmental theory, in : B. Lee & G. Noam (eds), *Developmental approaches to the self,* New York, Plenum Press.

Lee, B., Wertsch, J.V. & Stone, A. (1983), Towards a vygotskian theory of the self, in : B. Lee & G. Noam (eds.), *Developmental approaches to the self,* New York, Plenum Press.

Levi, G. (1981), Alcune idee di Vygotskij sullo sviluppo e ritardo mentale nel bambino, *Età evolutia 8,* 87-90.

Luria, A.R. (1967), L.S. Vygotsky and the problem of functional localization, *Soviet psychology V,* 3, 53-57.

Musatti, T. (1981), Vygotskij e la psicologia dell'età evolutiva, *Età evolutiva 8,* 69-75.

Robustelli, F. (1979), Evoluzione biologica e evoluzione culturale in Vygotskij, *Science Umane I,* 165-174.

Scaparro, F. & Morganti, S. (1981), Osservazioni su L.S. Vygotskij e la psycologia del gioco, *Età evolutiva 8,* 81-86.

Scribner, S. (1985), Vygotsky's uses of history, in : J.V. Wertsch (ed.), *Culture, communication and cognition,* New York, Cambridge University Press.

Siguan, M. (1984), Commentarios a la influencia de la obra de Vygotski en la psicologia del lenguaje, *Infancia y Aprendizaje 27/28,* 253-255.

Sutton, A. (1980), Cultural disadvantage and Vygotsky's stages of development, *Educational Studies 6,* 199-211.

Vandenberg, B. (1981), Play : dormant issues and new perspectives, *Human Development 24,* 357-365.

Veggetti, M.S. (1977), Arte e psicanalisi in uno scritto di L.S. Vygotskij, *La cultura 9,* 397-423.

Wertsch, J.V. (1985), *Vygotsky and the social formation of mind,* Cambridge, Harvard University Press.

Zaporozhetz, A.V. (1967), L.S. Vygotsky's role in the study of problems of perception, *Soviet psychology V,* 3, 19-28.

Zinchenko, V.P. (1985), Vygotsky's ideas about units for the analysis of mind, in : J.V. Wertsch (ed.), *Culture, communication and cognition,* New York, Cambridge University Press, 94-118.

## 3. AUTEURS CITÉS

Althusser, L. (1974), *Philosophie et philosophie spontanée,* Paris, Maspéro.

Bain, B. (ed.) (1983), *The sociogenesis of language and human conduct,* New York, Plenum Press.

Bakhtine, M.M. (1970), *François Rabelais et la culture populaire sous la renaissance,* Paris, Gallimard.

Bakhtine, M.M. (1977 a), *Problems of Dostoyevsky's Poetics,* Ann Arbor, Ardis (traduction française : *Problèmes de la poétique de Dostoiewski,* Lausanne, L'Age d'homme).

Bakhtine, M.M. (Volochinov, V.N.) (1977 b), *Le marxisme et la philosophie du langage,* Paris, Éditions de Minuit.

Bakhtine, M.M. (Volochinov, V.N.) (1980), *Le freudisme,* Lausanne, L'Age d'homme.

Bakhtine, M.M. (1981), *The Dialogic Imagination,* Austin, University of Texas Press.

Berk, L.E. & Garvin, R.A. (1984), Development of private speech among low-income Appalachian children, *Developmental Psychology 20,* 271-286.

Bower, T.G.R. (1974), *Development in Infancy,* San Francisco, Freeman.

Bronckart, J.P. et al. (1985), *Le fonctionnement des discours,* Paris, Delachaux et Niestlé.

Bronckart, J.P., Kail, M. & Noizet, G. (eds) (1983), *Psycholinguistique de l'enfant,* Paris, Delachaux et Niestlé.

Bruner, J. (1983), *Child's talk,* New York, Norton.

Buehler, C. (1927), *Soziologische und psychologische Studien ueber das erste Lebensjahr,* Jena, G. Fischer.

Buehler, K. (1928), *Abriss der geistigen Entwicklung des Kindes,* Leipzig, Quelle und Meyer.

Chafe, W.L. (1974), Language and Consciousness, *Language 50,* 111-133.

Chafe, W.L. (1976), Givenness, Contrastiveness, Definiteness, Subjects, Topics and Point of View, in : C.N. Li (ed.), *Subject and Topic,* New York, Academic Press, 25-55.

Chomsky, N. (1965), *Aspects of theory of syntax,* Cambridge, MIT Press.

Clark, E.V. & Hecht, B.F. (1983), Comprehension, production and language acquisition, *Annual Review of Psychology 34,* 325-349.

Clark, H.H. & Clark, E.V. (1977), *Psychology and Language : An Introduction to Psycholinguistics,* New York, Harcourt, Brace, Jovanovich.

Clark, H.H. & Haviland, S.E. (1977), Comprehension and the Given-new Contract, in : R.O. Freedle (ed.), *Discourse Production and Comprehension,* Norwood, N.J., Ablex.

Clark, K. & Holquist, M. (1985), *M.M. Bakhtin : Life and works,* Cambridge, Harvard University Press.

Cole, M. & Scribner, S. (1978), Introduction, in : L.S. Vygotsky, *Mind in Society,* Cambridge, Harvard University Press.

Cross, T. (1977), Mother's speech adjustments : the contribution of selected child listener variables, in : C.E. Snow & C.A. Ferguson (eds.), *Talking to children,* Cambridge, Cambridge University Press.

Delacroix H. (1924), *Le langage et la pensée,* Paris, Alcan.

Diaz, R. (1984), The union of thought and language in children's private speech : recent empirical evidence for Vygotsky's theory, Paper presented at the International Congress of Psychology ; Mexico.

Elsasser, N. & John-Steiner, V. (1977), An interactionist approach to advancing literacy, *Harvard Educational Review 47,* 355-370.

Engels, F. (1935), *La dialectique de la nature,* Paris, Editions Sociales.

Feagan, L. & Farran D.C. (eds.), (1982), *The language of children reared in poverty,* New York, Academic Press.

Ferguson, C.Y. (1977), Baby talk as simplified register, in : C.E. Snow & C.A. Ferguson (eds), *Talking to children,* Cambridge, Cambridge University Press.

Firbas, J. (1964), On defining the theme in Functional Sentence Analysis, *Travaux linguistique de Prague 1,* 267-280.

Fonagy, I. (1980), Structure sémantique des signes de ponctuation, *Bulletin de la société de linguistique 75,* 1, 95-129.

Fujinaga, T. (1983), Some sociogenetic determinants in human development revealed by the study of severly deprived children, in : B. Bain (ed.), *The sociogenesis of language and human conduct,* New York, Plenum Press.

Fuson, K. (1979), The development of self-regulating aspects of speech : a review, in : G. Zivin (ed.), *The development of self-regulation through private speech,* New York, Wiley.

Garnica, O. (1977), Some prosodic and paralinguistic features of speech to young children, in : C.E. Snow & C.A. Ferguson (eds), *Talking to children,* Cambridge, Cambridge University Press.

Gelman, R. & Shatz, M. (1972), Appropriate speech adjustments : the operation of conversational constraints on talk to two-years olds, in : M. Lewis & L. Rosenblum (eds.), *Interaction, Conversation and the Development of language,* New York, Wiley.

Gleitman, L. (1981), Maturational determinants of language growth, *Cognition 10,* 103-114.

Goldstein, K. (1927), Ueber Aphasie, *Abhandlungen aus dem Schweizerischen Archiv fuer Neurologie und Psychiatrie 6.*

Goldstein, K. (1932), Die pathologischen Tatsachen in ihrer Bedeutung fuer das Problem der Sprache, *Kongress der Deutschen Gesellschaft fuer Psychologie 12.*

Greenfield, P.M. & Smith, J.H. (1976), *The structure of communication in early language development,* New York, Academic Press.

Hallyday, M.A.K. (1967), Notes on Transitivity and Theme in English, II, *Journal of Linguistics 3,* 199-244.

Heath, S.B. (1983), *Ways with Words,* Cambridge University Press.

Hickmann, M. (1985), The implications of discourse skills in Vygotsky's developmental theory, in : J.V. Wertsch (ed.), *Culture, communication and cognition,* New York, Cambridge University Press.

Hickmann, M. & Wertsch, J. (1978), Adult-child discourse in problem solving situations, *Papers from the fourtenth meeting, Chicago linguistics society,* Chicago, Chicago Linguistics Society.

Holquist, M. (1981), The Politics of Representation, in : S. Greenblatt (ed.), *Allegory in Representation : Selected Papers from the English Institute,* Baltimore, John Hopkins University Press, 163-185.

Holquist, M. (1983), Answering as Authoring : Bakhtin's Translinguistics, *Critical Inquiry,* in press.

Inhelder, B. & Piaget, J. (1959), *La genèse des structures logiques élémentaires,* Neuchâtel et Paris, Delachaux et Niestlé.

Ivanov, V.V. (1974), The significance of M.M. Bakhtin's Ideas of sign, Utterance and Dialogue for Modern Semiotics, in : H. Baran (ed.), *Semiotics and Structuralism : Readings from the Soviet Union,* White Plains, N.Y., International Art and Sciences Press, 310-367.

John-Steiner, V. & Tatter, P. (1983), An interactionist model of language acquisition, in : B. Bain (ed.), *The sociogenesis of language and human conduct,* New York, Plenum Press.

Koehler, W. (1921), *Intelligenzpruefungen an Menschenaffen,* Berlin, Springer.

Koffka, K. (1925), *Grundlagen der psychischen Entwicklung,* Osterwick am Harz, Zickfeldt.

Kohlberg, L., Yaeger, J. & Hjertholm, E. (1968), Private speech : four studies and a review of theories, *Child Development 39,* 691-736.

Kristeva, J. (1980), Word, Dialogue and Novel, in : L.S. Roudiez (ed.), *Desire in language : A Semiotic Approach to Literature and Art,* New York, Columbia University Press, 64-91.

Kroll, B.M. (1983), Antecedents of individual differences in children's writing attainment, in : B.N. Kroll & G. Wells (eds.), *Explorations in the development of writing,* Chichester, Wiley.

Lee, B. (1985), Intellectual origins of Vygotsky's semiotic analysis, in : J.V. Wertsch (ed.), *Culture, communication and cognition,* New York, Cambridge University Press, 66-93.

Leont'ev, A.N. & Luria, A.R., Die psychologischen Anschauungen L.S. Wygotskys, *Zeitschrift fuer Psychologie 162,* 165-205.

Luria, A.R. (1976), *Cognitive Development : Its Cultural and Social Foundations,* Cambridge, Harvard University Press.

Luria, A.R. (1979), *The Making of Mind : A personal Account of Soviet Psychology,* Cambridge, Harvard University Press.

Luria, A.R. (1982), *Language and Cognition,* New York, Wiley, Intersciences.

Luria, A.R. (1983), The development of writing in child, in : M. Martlew (ed.), *The psychology of written language. Developmental and educational perspectives,* Chichester, Wiley.

Lyons, J. (1977), *Semantics (2 vols.),* Cambridge, Cambridge University Press.

Marx, K. (1983), *Le capital, vol. I,* Paris, Éditions sociales.

McCartney, K. (1984), Effect of quality of day care environment on children's language development, *Developmental Psychology 20,* 244-260.

Mecacci, L. (1983), La vita e l'opera, in : L.S. Vygotskij, *Antologia di scritti a cura di Luciano Mecacci,* Bologna, Mulino.

Medvedev, P.N./Bakhtin, M.M. (1978), *The Formal Method in Literary Scholarship : A Critical Introduction to Sociological Poetics,* Baltimore, John Hopkins University.

Michaels, S. & Collins, J. (1984), Oral discourse styles : classroom interaction and the acquisition of Literacy, in : D. Tannen (ed.), *Coherence in spoken and written discourse,* New Jersey, Ablex, 219-244.

Mignot, B.-C.-C. (1832), Enseignement élémentaire. Mémoire servant de réponse à la question : Quels sont les meilleurs moyens à employer pour apprendre aux enfants à mettre leurs idées par écrit, *Journal de la Société Vaudoise d'Utilité publique,* Tome I, 201-211.

Newport, E.L., Gleitman, H. & Gleitman, L. (1977), Mother, I'd rather do it myself : some effects and non-effects of maternal speech style, in : C.E. Snow & C.Y. Ferguson (eds.), *Talking to children,* Cambridge, Cambridge University Press.

Nielsen, R. (1951), *La sociabilité chez l'enfant,* Neuchâtel et Paris, Delachaux et Niestlé.

Ong, W.J. (1982), *Orality and Literacy. The technologizing of the word,* London, Methuen.

Piaget, J. (1923(, *Le langage et la pensée chez l'enfant,* Neuchâtel et Paris, Delachaux et Niestlé.

Piaget, J. (1924), *Le jugement et le raisonnement,* Neuchâtel et Paris, Delachaux et Niestlé.

Piaget, J. (1926), *La représentation du monde chez l'enfant,* Paris, Alcan.

Piaget, J. (1927), *La causalité physique,* Paris, Alcan.

Piaget, J. (1932), *Le jugement moral chez l'enfant,* Paris, Alcan.

Piaget, J. (1936), *La naissance de l'intelligence chez l'enfant,* Neuchâtel et Paris, Delachaux & Niestlé.

Piaget, J. (1956), *Le droit à l'éducation dans le monde actuel,* Liège, Sciences et Lettres (collection des *Droits de l'homme* de l'UNESCO).

Piaget, J. (1969), *Psychologie et pédagogie,* Paris, Denoël-Gonthier (Médiations).

Piaget, J. & Szeminska, A. (1941), *La genèse du nombre chez l'enfant,* Neuchâtel et Paris, Delachaux et Niestlé.

Plekhanov, G. (1922), *Ocherki po istorii materialiszma* (Essays sur l'histoire du matérialisme), s.l.

Rivière, A. (1984), La psicologia de Vygotsky : sobre la larga proyeccion de una corte biografia, *Infancia y Aprendizaje 27/28,* 7-86.

Sapir, E. (1921), *Language,* New York, Harcourt, Brace and World.

Schneuwly, B. (1984), Le texte discursif écrit à l'école, Université de Genève, Thèse de doctorat, non publiée.

Schneuwly, B., Bronckart, J.P. & Groupe de didactique des langues (1983), Pour une psychologie du langage, *Archives de Psychologie 51,* 155-160.

Schweinhart, L.J. & Weikart, D.P. (1980), Young children grow up : effects of the Perry Preschool Program on youths through age 15, *Monographs of the High/Scope Educational Research Foundation.*

Scribner, S. & Cole, M. (1981), *The psychology of Literacy,* Cambridge, Harvard University Press.

Sève, L. (1969), *Marxisme et théorie de la personnalité,* Paris, Éditions Sociales.

Silverstein, M. (1980), Cognitive Implications of a Referential Hierarchy, Paper presented at the Max Planck Institut fuer Psycholinguistik, Nijmegen, November.

Silverstein, M. (1985), The functional stratification of language in ontogenesis, in : J.V. Wertsch (ed.), *Culture communication and cognition,* New York, Cambridge University Press, 205-235.

Slobin, D. (1980), Universal and particular in the acquisition of language, in : L.R. Gleitman & E. Wanner (eds.), *Language Acquisition : State of the Art,* Cambridge, Cambridge University Press.

Smirnov, A.A. (1975), *Razvitie i Sovremennoe Sostoyanie Psikhologicheskoi Nauki v SSSR* (Le développement et l'état actuel de la psychologie en URSS), Moscow, Pedagogika.

Stern, W. (1914), *Psychologie der fruehen Kindheit,* Leipzig, Quelle und Meyer.

Tannen, D. (ed.) (1982), *Spoken and written language,* New Jersey, Ablex.

Tannen, D. (ed.) (1984), *Coherence in spoken and written discourse,* New Jersey, Ablex.

Trevarthen, C. (1980), The foundations of intersubjectivity : development of interpersonal and cooperative understanding in infants, in : D.R. Olson (ed.), *The social foundations of language and thought,* New York, Norton.

Vygotsky, L.S. (1956), *Izbrannye psukhologicheskie issledovaniya* (Oeuvres choisies de Psychologie), Moscou, Izd. Akad. Pedag. Nauk.

Vygotsky, L.S. (1960), *Razvitie Vysshykh psikhicheskikh funktsii* (Le développement des fonctions psychiques supérieures), Moscou, Izd. Akad. Pedag. RSFSR.

Vygotsky, L.S. (1962), *Thought and Language,* Cambridge, MIT Press.

Vygotsky, L.S. (1969), *Denken und Sprechen*, Frankfurt a.M., Fischer.
Vygotsky, L.S. (1978 a), *Mind in Society : The development of Higher Psychological Processes,* Cambridge, Harvard University Press.
Vygotsky, L.S. (1978 b), The prehistory of written language, in : L.S. Vygotsky, *Mind in Society,* Cambridge, Harvard University Press.
Vygotsky, L.S. (1981a), The genesis of higher mental functions, in : J.V. Wertsch, *The concept of activity in Soviet psychology,* Armonk NY, Sharpe.
Vygotsky, L.S. (1981b), The development of higher forms of attention in childhood, in : J.V. Wertsch, *The concept of activity in Soviet psychology,* Armonk NY, Sharpe.
Vygotsky, L.S. (1982), *Sobranie Sochinenii. Tom Pervyi : Vopressy Teorii i Istorii Psikhologii* (Oeuvres complètes, premier volume : Problèmes de théorie et d'histoire en psychologie), Moscou, Pedagogika.
Vygotsky, L.S. & Luria, A.R. (1930), *Etuydy po Istorii Povedeniya : Obez'yana, Primitiv, Rebenok* (Études sur l'histoire du comportement : le singe, le primitif, l'enfant), Moscou-Léninegrade, Gosudarstvennoe Izdatel'stvo.
Watson, J. (1919), *Psychology from the standpoint of a behaviorist,* Philadelphia et Londres, Lippincott.
Weikart, D.P. (1974/75), Parental involvement through home teaching, *High/Scope Educational Research Foundation Report,* 2-5.
Wertsch, J.V. (1978), Adult-child Interaction and the Roots of Metacognition, *Quarterly Newsletter of the Institute for Comparative Human Development 1,* 15-18.
Wertsch, J.S. (1979 a), From social interaction to higher psychological processes : a clarification of Vygotsky's theory, *Human Development 22,* 1-22.
Wertsch, J.V. (1979 b), The regulation of human action and the given-new organization of private speech, in : G. Zivin (ed.), *The development of self-regulation through private speech,* New York, Wiley.
Wertsch, J.V. (1980 a), Semiotic Mechanisms in Joint Cognitive Activity, Paper presented at joint US-USSR Conference on the Theory of Activity, Institute of Psychology, USSR Academy of Sciences, Moscou, March.
Wertsch, J.V. (1980 b), The signifiance of dialogue in Vygotsky's account of social, egocentric and inner speech, *Contemporary Educational Psychology 5,* 150-162.
Wertsch, J.V. (1985), *Vygotsky and the social formation of mind,* New York, Harvard University Press.
Whorf, B.L. (1956), *Language, Thought and Reality : Selected Writings of Benjamin Lee Whorf,* Cambridge, MIT Press.
Yakubinskii, L.P. (1923), *O dialogicheskoi Rechi* (Sur le dialogue), Petrograd, Trudy Foneticheskogo Instituta Prakticheskogo Izucheniya Yazykov.

Zazzo, R. (1960), *Les jumeaux, le couple et la personne,* vol. II, Paris, PUF.

Zukow, P.G., Reilly, J. & Greenfield, P.M. (1982), Making the absent present : Facilitating the transition from sensorimotor to linguistic communication, in : K.E. Nelson (ed.), *Children's language, vol. 3,* Hillsdale, N.J., Erlbaum.

Achevé d'imprimer pour le compte des Éditions
DELACHAUX & NIESTLÉ S.A.
Lausanne -Paris
sur les presses de l'Imprimerie du Lion à Châtenois-les-Forges
2e trimestre 1997
N° d'imprimeur : E 7050327

Chez V = 2 ligne de
Pev

CUL 10E = 1 ligne
L> = 1 Fution de dev = P